如何创办自己的公司

〔美〕加勒特·萨顿 著 郭伟刚 译

四川人民出版社

readers-club

北京读书人文化艺术有限公司
www.readers.com.cn
出 品

致中国读者的一封信

亲爱的中国读者：

　　你们好！

　　今年是《富爸爸穷爸爸》在美国出版20周年，其在中国上市也已经整整17年了。我非常高兴地从我的中国伙伴——北京读书人文化艺术有限公司（他们在这些年里收到了很多读者来信）那里了解到，你们中的很多人因为读了这本书而认识到财商的重要性，从而努力提高自己的财商，最终同我一样获得了财务自由。

　　我很骄傲我的书能够让你们获益。20年后的今天，世界又处在变革的十字路口。全球经济形势日益复杂，不断涌现的"黑天鹅事件"加剧了世界发展的不确定性，人们对未来充满迷茫，悲观主义情绪正在蔓延。

　　而对于你们，富爸爸广大的中国读者来说，除了受世界经济的影响，还要面对国内经济转型的阵痛，这个过程艰苦而漫长。当然，为了成就这种时代的美好，你必须坚持正确的选择，拥有前进的智慧和勇气。这就需要你努力学习。

　　最后，我还是要说，任何人都能成功，只要你选择这么做！

罗伯特·清崎

富人教他们的孩子财商，
而穷人和中产阶级从不这样做。

——〔美〕罗伯特·清崎

出版人的话

转眼间，"富爸爸"问世已20余年，与中国读者相伴也已近20年。在中国经济和社会蓬勃发展的20年间，"富爸爸"系列丛书的出版影响了千千万万的中国读者，有超过1000万的读者认识了富爸爸、了解了财商。在"富爸爸"的忠实读者中，既有在餐厅打工的服务员，也有执教讲堂的大学教授；既有满怀创业梦想的年轻人，也有安享晚年的退休人士。"富爸爸"的读者群体之广、之大，是我们不曾预料到的。

作为一套在中国风靡大江南北、引领国人创业创富的财商智慧丛书，"富爸爸"系列伴随和见证了千万读者的创富经历和成长历程，他们通过学习财商，已然成为中国的"富爸爸"，这也是我们修订此书的动力。20年来，"富爸爸"系列也在不断地增加新的"家族成员"，新书的内容也越来越贴合当下经济的快速发展以及国内风起云涌的经济大潮，我们也在十几年的财商教育过程中摸索出了一套适合国内大众群体的"MBW"财商理论体系，即从创富动机、创富行为习惯、创富路径三方面培养学员的财商，增强大家和财富打交道的积极意识，提高抗风险的能力。

曾有一位来自深圳的学员告诉我，他当年就是因为读了《富爸爸穷爸爸》一书，并通过系统的财商训练，才在事业上取得了巨大的成功。难能可贵的是，成功后的他并没有独享财富，而是将自己致富的秘诀——"富爸爸"财商理念分享给了更多想要创业、想要致富、想要成功的人。

在"富爸爸"的忠实读者群中,类似的成功故事还有很多很多。在"富爸爸"的影响下,每一位创富的读者都非常乐意向更多的朋友传授自己从财商训练中获得的成功经验。

值此"富爸爸"20周年之际,作者的最新修订版再次契合了时代的发展、读者的需要。在经济金融全球化的发展与危机中,作者总结过去、现在和未来财富的变化与趋势,并重温了富爸爸那些简洁有力的财商智慧,在中华民族伟大复兴的新时代,"富爸爸"系列丛书将结合财商教育培训,为读者带来提高财商的具体办法,以及在中国具体环境下的MBW创富实践理论。丛书的出品方北京读书人文化艺术有限公司将从图书、现金流游戏、财商课程等多角度多方面,打造出一个立体的"富爸爸",不仅要从财商理念上引导中国读者,更要在实践中帮助中国读者真正实现财务自由。读者和创业者可以通过关注读书人俱乐部微信公众号,来了解更多有关"富爸爸"系列丛书和财商学习的信息。

正如富爸爸在书中所说,世界变了,金钱游戏的规则也变了。对于读者和创富者来说,也要应时而变,理解金钱的语言、学会金钱的规则。只有这样,你才能玩转金钱游戏,实现财务自由。

汤小明

读书人俱乐部

富爸爸顾问

我的穷爸爸常常说："重要的是你知道什么。"我的富爸爸说："如果你想变得富有，你认识谁比你知道什么更重要。"

富爸爸继续解释说："商业和投资活动是团队运动。普通投资者和小企业主之所以亏本是因为他们不是一个团队。他们单打独斗，因此总在那些聪明的团队面前一败涂地。"

富爸爸顾问会引导你，告诉你该去找什么样的人，问什么样的问题，帮助你突破局限，组建你自己伟大的顾问团队。

罗伯特·清崎

声明

本书旨在教育并提供主题范围之内的一般信息。各地的法律和实践通常各不相同而且不断变化。具体建议也应根据不同的实际情况而调整，因此读者最好按照自身具体情况咨询自己的顾问。

作者为本书的撰写做了相当缜密的准备工作，相信根据撰写本书时的法律及实践，书中所呈内容准确无误。本书作者及发行方并不为任何错误或遗漏承担责任。作者及发行方不承担任何因使用本书而产生的责任，本书所含信息并不用于为具体个例提供法律建议。

鸣谢

谨以此书献给我的爱妻詹妮,和我们了不起的孩子,特迪、艾米丽和莎拉。谢谢你们在我写作时所给予的理解。

我要感谢罗伯特·保罗·特纳、梅根·胡斯、安德鲁·斯美塔那和嘉米·沃伯顿,感谢他们在我创作本书时提供的宝贵帮助。

另外还要特别感谢罗伯特·清崎、莎朗·莱希特和黛安娜·肯尼迪。是他们让我有机会成为富爸爸顾问中的一员。

谢谢我的客户们。帮助你们达到商业、财务及个人目标让我感受到了无比的成就感。

目录

序言一 / 1

序言二 / 5

引言 / 7

第 1 章　选择合适的公司类型 / 9

第 2 章　如何最大限度地利用 C 型股份有限公司 / 46

第 3 章　如何稳妥地使用 S 型股份有限公司 / 58

第 4 章　充分利用不同地方的优惠条件并享受复合公司的好处 / 70

第 5 章　成立股份公司、有限责任公司和有限合伙公司的步骤 / 88

第 6 章　如何利用押记令 / 95

第 7 章　公司程序的重要性 / 102

第 8 章　保护你的公司名称 / 119

第 9 章　筹集资金 / 126

第 10 章　了解你的董事和管理人 / 162

第 11 章　如何处理员工问题 / 173

第 12 章　如何使用买卖协议 / 204

第 13 章　公司的终止 / 208

第 14 章　其他需要注意的几点 / 215

序言一

10岁那年我上五年级，开始阅读那些伟大探险家的故事，比如哥伦布、麦哲伦、科尔特斯、达·伽马和库克船长。我梦想着有一天驾着木船环游世界，在荒无人烟的小岛上探寻宝藏。我把自己能看懂的每一本记述他们生平和探险故事的书都拿过来读。那时候，我在关于探险家的测验或问答赛中常常拿到最高分。

"你读了这些成功的探险家，为什么不读那些失败的探险者呢？"富爸爸帮我准备五年级的期末考试时问道。

"那些失败的？"我很疑惑。

"是啊，那些失败的，"富爸爸说，"学校教你的都是那些功成名就的探险家。还有更多的探险者没有成功，也没什么名气，我们从未听说过他们，可能也不准备去了解他们。"

"了解那些失败的探险者有什么用呢？"我问。

"你需要知道那些航行失败的船主和他们的投资者是如何在失败的后果中保护自己的。"

"后果？"我问，"什么样的后果？"

"比如丧命，"富爸爸说，"如果在航行中有人丧命，船主和投资者希望在死者的家人和船员面前保护自己和财产。"

"你的意思是人们冒着危险出海，有时还要丢掉性命，而待在岸上的船主和投资者们想做的只是保护自己不亏钱？这就是你说的后果么？"

富爸爸点点头，然后开始给我讲荷兰东印度公司和英国东印度公司的故事。这两家公司是那些探险者身后的无数强大著名的公司之一。有些公司甚至拥有自己的海军和陆军以控制通往他们国家的海上财富通道。富爸爸给我讲了这些公司是如何利用各种手段掠得大片疆土的，比如新西兰、夏威夷、澳大利亚、马来西亚、印度尼西亚、南非等。而美利坚合众国就诞生在其中一片土地上。富爸爸告诉我美国国旗就是根据英国东印度公司的旗帜设计出来，据说是贝琪·罗斯对其进行了修改。当英格兰快要失去对殖民地的控制时，英国东印度公司只是改了个名儿——改成了简单的"d.b.a"——然后继续做生意。

富爸爸讲了很多伟大探险家身后的那些公司的故事，还有这些公司是如何影响世界历史发展的。听了这些故事，我对全球商业和通过公司做生意越来越感兴趣。16岁时，我申请了美国商船学院入学资格的国会提名[①]，这是一所联邦军事院校，训练年轻人驾驶商船。学校位于金斯角，现在仍在培养年轻人来接替那些伟大的远航探险家们。这所学校虽然名不见经传，每年分配给夏威夷的名额却只有两个，因此能够通过严格的笔试与面试并被录取让我觉得自己真是个幸运儿。18岁时，作为学员，我登上一艘货船，沿着麦哲伦和库克船长早已建立的航线航行。很快我就意识到，虽然早期的探险者已成为历史，但富爸爸说过的那些探险者身后的公司却没有消失，而且美国政府还出资培训这些公司的领导者。这时我才明白富爸爸多年前说过的那些话的意义："不要单纯地研究探险者和他们的航船，要研究探险者和航船背后的公司的力量。"

波音747代替了货船

今天我乘坐的是波音747而不是货船。交通方式虽然变了，我

[①] 美国商船学院入学候选人必须由国会正式提名。

仍然没有忘记富爸爸的建议,他的建议至今仍让我获益良多。今天,

作为好几家公司的代表,我常常穿梭于世界各地——我并不是简单地为这些公司工作,我拥有这些公司。

正如我在《富爸爸穷爸爸》里所说,我的穷爸爸认为,做一个好员工然后顺着公司的升迁梯子向上爬是一个不错的主意,富爸爸却说:"别去爬梯子了,为什么不让自己拥有梯子呢?"他还说:"爬梯子的问题在于,当你仰起脑袋,看到的只是别人浑圆肥硕的大屁股。"然后他的口气多了丝严肃,说,"你应该拥有自己的公司是因为你必须在诉讼和繁重的税负面前保护自己。当然还有很多其他原因,但关键是,如果你对赚取并保持财富有一个认真的态度,那么理解公司和法律结构便是你现在正在接受的财务教育中不可缺少的一环。"

向大家介绍加勒特·萨顿

我非常高兴地将加勒特·萨顿介绍给读者们。在我的课程中,学生们经常问我关于公司和法律结构的问题。我的标准回答是:"我没上过法学院,也不是一名律师,所以这个问题上我爱莫能助。建议你们也像我一样,找一名好律师,然后让他就这个重要的问题为你提供建议。"我很高兴将我的顾问——加勒特·萨顿——介绍给大家,和他一起工作非常愉快。他不仅是一名伟大的顾问,还是一名伟大的老师。正如多年前富爸爸对我说的那样:"如果你对赚取并保持财富有一个认真的态度,那么理解公司和法律结构便是你现在正在接受的财务教育中非常重要的一环。"

罗伯特·清崎

序言二

　　一般人认为中国人有宏观思维的习惯，喜欢综合而忽略细节，美国人比较微观，喜欢逻辑推理而容易只见树木不见森林。所以中国很多事情是细节没做好而导致功亏一篑。这样说很有道理。但一般人没有注意到东方人和西方人的思维还有一个重要区别，就是东方人的思维是线性的，而西方人擅长架构性思维。线性思维就像加减法，只能一个一个来；架构思维就像九九乘法表，可以进行批处理。线性思维方式使中国人的宏观思维习惯效能大打折扣，而架构性思维大大弥补了西方人注重微观的不足。事实上架构思维的效率是明显要高于直线思维的。东西方思维模式的不同体现在法律上，就是东方人重视实体法，而西方人更重视程序法；体现在企业运营管理方面，东方人重视伦理和规章制度，西方人重视架构和流程。

　　本丛书所涉及的内容，就是中国人平时不太重视的创办或买卖公司的架构和流程问题。美国能诞生像 GE、IBM、微软、谷歌等这样伟大的公司，与其成熟的法律制度、企业运营架构和流程规范是分不开的。中国的创业者比较关注的是市场营销、资金以及管理，而对决定公司是否能稳健发展的法律和运营架构却很少关心。这是中国企业难以发展壮大的原因之一。

　　俗话说，他山之石可以攻玉。虽然《富爸爸如何创办自己的公司》以及《富爸爸如何买卖一家公司》，讲的是美国法律环境下如何创办或者买卖公司，但是我相信读者如果理解了书中关于公司运营架构和流程的意义,就一定会对您创办公司或者买卖公司有极大的帮助。

北京财商教育培训有限责任公司总经理　徐飞

引言

祝贺你，你即将踏上一段对你影响巨大的启蒙之旅。本书可以让你快速而轻易地了解富人们在经营和保护资产时运用的法律秘密和法律策略。你马上就可以清晰准确地理解某种类型的公司是怎样为你省下成千上万美元税金的，又是怎样在债权人给你当头一击时拯救你的房产、存款和家庭资产的。我说的这些公司类型包括股份公司，有限责任公司和有限合伙公司。

这和罗伯特·清崎的富爸爸教给他的课程并无两样。一无所有，却掌控一切。用富人的技巧来改善你的财务状况，保护你的家庭。最重要的是，工作时多用脑子，而不是多花力气。

等你读完这本书，你将像一名经验丰富的企业家那样对法律运用自如，并且具备必要的法律知识，可以让你立即采取适当策略。

我们开始吧……

第1章
选择合适的公司类型

- C 型股份有限公司
- S 型股份有限公司
- 有限责任公司（LLC）
- 有限合伙公司（LP）
- 普通合伙公司
- 独资公司

商业法律体系与传统在过去的 5 个世纪里逐渐发展，几种经营结构也逐渐成熟。每一种结构（或公司类型）都有自己的优势与劣势，而这也正是我们将要探讨的内容。

有一点非常重要，就是你必须清楚自己准备怎样实施计划，并以此作为参考来选择公司类型。本章的目的就是让你知道哪种公司类型最适合你的特定目标，并帮助你作出选择。在此之前，你需要考虑以下几点：

1. 对家庭资产及投资的保护
2. 经营控制
3. 家庭分歧的避免

4. 决策的灵活性

5. 子女及其他家庭成员对公司经营权的继承

6. 所经营公司的性质

7. 所持有资产的性质

8. 所有人的数量

9. 不动产投资方案及资产的赠予

10. 谁有权让公司承担责任

11. 所有人死亡或退出对公司的影响

12. 创业资金的需求

13. 纳税

14. 公司所有人信息的保密性

15. 资产及投资的合并

  对你的商业计划进行分析之后，各种问题就会逐渐变得清晰。请注意，你不必独自一人作出决定。我们推荐你同你的律师、会计师和其他专业顾问一起讨论这些问题，不同领域的专业人士会在公司类型的选择上为你提供深入见解。

  有一点非常重要：在所有的公司类型中，没有哪一种是万能的。如果你向你的律师和会计师征求意见时，他们对你所有的商业计划都给出同一个答案，例如普通合伙制，那么你就得问问他们为什么会相信那种公司竟是无所不能的。否则，你就要重新找一名专业顾问了。

  我们将讨论在各种经营及资产持有的情况下哪种公司类型最出色。但在此之前，我们必须首先知道哪些公司类型在任何情况下都很糟糕。你不仅要知道可以采用哪种公司来进行经营、资产保护和责任限制，还必须知道不能采用哪种公司类型，而后者的重要性丝毫不逊于前者。

糟糕的公司类型

- 独资公司
- 普通合伙公司

作为律师，我代理过各种不同的公司，从简单的小型公司到复杂的大型公司。我帮助企业家及公司所有人赚钱、供养家人和公司员工，并保证其前途稳定。

但如果我的客户坚持使用某种糟糕的公司类型，我就爱莫能助了。独资公司和普通合伙公司无法提供资产保护。公司的一次官司就足以让你丢掉房子、存款和个人资产。我们的第一个案例将说明这一点。

案例 1　约翰尼

约翰尼是一名水管工。他干这一行已经 5 年了，成功指日可待。客户对他的服务很满意，而且他修理管道的一手绝活也赢得了不错的口碑。

虽然约翰尼手艺不错，但他却对法律问题心存畏怵。他觉得，律师和会计师们都是些聪明人，所以他们的工作一定不简单。约翰尼小时候曾目睹父亲遭到一名律师的不公对待。至今他对此仍然耿耿于怀，更不想和这些人有什么瓜葛。

因此在公司经营方面他并没有咨询专业人员。他找了一位兼职会计来帮他挑选公司类型。后果是毁灭性的。

约翰尼的会计只知道开办公司需要向州政府填写几份专门的文件，却不知道该怎么填写。他知道一家公司需要填写一份单独的纳税申报表，但也不清楚该怎么准备。于是他建议约翰尼采用独资公司,因为他知道怎么操作独资公司,并且以前他向其他客户推荐的也都是这种公司类型。在他看来,这种公司是万能的。

问题是独资公司无法为你的资产提供一丁点的保护。开办独资公司让约翰尼对公司的债务、索赔和义务产生了无限责任。无限责任意味着他的房子、存款和个人资产将在别人的索赔要求下暴露无遗。

当然,就像所有恐怖故事中写的那样,一个魔鬼进入了约翰尼的公司。约翰尼雇了一名员工——莫魁——来协助自己日渐繁重的工作。莫魁看起来大方得体,好像也懂点儿水管修理工作。约翰尼懒得去调查莫魁的背景。约翰尼是个生意场上的新手,他并没有意识到调查员工背景的重要性。

莫魁来了一个星期之后就强奸了约翰尼的女客户,当时只有她一个人在家。我们毋庸详述那场悲剧,莫魁在这位女士家中的所作所为让她的精神受到了严重创伤,她和她的家人不得不搬到别的地方去。

此后不到3个星期,约翰尼的公司就遭到了起诉。约翰尼是独资经营者,这意味着约翰尼个人——而不是有限公司制下的公司本身——遭到了起诉并且必须为自己进行辩护。

这位女士的代理律师调查了莫魁的背景,而这正是约翰尼没有去做的。莫魁曾因性侵犯入狱且刚刚被释放。约翰尼购买的保险无法对这种索赔要求进行赔偿。案子继续审理。原告的律师向陪审团申辩说公司不应对没有调查莫魁负责,而应对由此导致的结果负责。律师向陪审团提出的论据无可辩驳——公司应对雇员的行为承担间接法律责任。陪审团认定整个案子情节严重,裁定赔偿金额为1000万美元。

约翰尼一败涂地。作为一个独资经营者,他必须对公司所面对的全部索赔要求承担个人责任。另外,他屁股后边还跟着一群律师在追讨那1000万美元好让自己拿到1/3的律师费。

约翰尼失去了房子、存款和家庭。巨大的压力下，妻子与他离了婚，取得了孩子的监护权，离他远去。约翰尼宣布破产。他输得精光，而且更加厌恶律师和我们的法律体系。

当然，具有讽刺意味的是，如果他咨询律师并将法律体系为自己所用，完全可以避免这一灾难性的后果。事情弄到这种地步，完全是因为约翰尼依赖了那位兼职会计——他认为在公司类型的选择上，一种类型可以满足所有的情况。

一名专业律师会告诉约翰尼，任何生意都存在风险——有些可以预见，有些则不可预见。为了在这些风险面前保护自己，你需要建立一家股份公司或其他优秀类型的公司来对你的责任进行限制。

优秀的公司是那种可以在商业风险面前保护你的个人资产的公司。糟糕的公司是那种什么保护也提供不了的公司。法律体系发展至今是用来鼓励商业行为并限制风险承担者的责任的。如果选择合适的公司类型，约翰尼本可以好好利用法律体系的。

独资制的其他缺点

如果个人责任还不够糟糕，那么使用独资制还有另外两个缺点：

- 销售：独资公司的所有权很难出售，因为公司的价值基于其所有人而非公司本身。
- 死亡：独资经营者一旦死亡，独资公司即告终止。独资经营者的继承人只能出售公司资产，而不是处于经营状态的公司。

普通合伙公司也是一种糟糕的公司类型。实际上它的糟糕程度

比独资公司还要大一倍,因为你承担个人责任的风险大了一倍:你不仅要对自己的行为承担责任,还要对合伙人的行为承担连带责任。这一点将会在下边的案例2中得到阐述。

如果两个或两个以上的人同意共同享受利润并承担亏损,他们便可以组成合伙公司。即使你从未签订合伙协议,按照州法律规定,在这种情况下你们也已经构成了合伙制。

法律并不要求合伙双方签订书面合伙协议,一次握手即可构成合伙制。如果你没有签订一份正式文件,你所在州适用的合伙制法律对此会有规定。这也许对你不利,因为那些宽泛的条款很少能满足具体情况的需要。例如,大部分州规定合作双方应平均享受利润并平均承担亏损。如果你们的口头协议说你享受75%的利润,州法律和你们的握手可帮不了你。我们建议你最好准备一份书面协议,写下你的权利与收益。

与独资制不同的是,根据定义,普通合伙制必须由两人或两人以上构成,独资制只能有一个参与方。你不能组建一家单人合伙公司。此外,在普通合伙制下你想要多少合伙人就可以有多少合伙人。这听起来不错,却是个实实在在的祸根。

普通合伙制最大的缺点是每一个合伙人都必须对其他合伙人产生的债务与责任负责。当只有一个合伙人的时候你也许可以相信对方不会让公司承担意外风险,但你的合伙人越多,你的风险就越大。

记住,普通合伙公司同独资公司一样也能让你的个人资产承担风险。你可能会因为合伙人的行为而失去房产和一辈子的存款。也许你和他们的决策没有一点关系,也许决策做出的时候你还在8000公里以外的什么地方,也许你知道这个决策的时候也提出过反对意见,不过作为普通合伙人你依然需要对此承担个人责任。

鉴于此,普通合伙公司比独资公司的风险更大。在独资公司中,只有独资经营者可以使公司产生责任。在普通合伙公司里，任何普通合伙人——不管他是多么的精明，或无知——都可以使公司产生责任。相比之下，有限责任公司、有限合伙公司和股份公司能够提供的保护则大得多。对于公司债务及他人行为导致的不良后果，以上3种类型都为所有人提供了有限的个人责任。

考虑到这些无限风险，如果你不掌握公司的日常管理权，就千万不要担任公司的普通合伙人。除非你对公司状况了如指掌，否则绝不要把你的未来押在做一名普通合伙人上。

案例2 路易丝

路易丝一辈子都在为别人打工。过去10年她一直在一家大型百货公司的礼品部工作。她讨厌部门经理强加给自己的循规蹈矩的工作方式，她认为自己的方式可以为公司创造更大的销售额。这些争论并不重要。她期待有一天可以开一家自己的公司，自己决定一切。

有一天，百货公司来了一名叫玛克辛的新同事。路易丝被玛克辛的个性与看法所吸引，两人一拍即合。她们拥有同样的兴趣，也同意对方在客户需求上的看法，而且两人都希望摆脱这家冷冰冰的公司，不再让自己的改进意见被这群迂腐的经理们扼杀。不久她俩就开始讨论如何开办自己的礼品店了。

路易丝为了她的梦想努力积攒了10000美元。玛克辛一分钱也没有，但她使路易丝相信，她会把赚到的第一笔5000美元再投入到公司中。

路易丝没有意识到，如果同意与玛克辛组建合伙公司，却没有书面协议注明收益分配，那么她们的收益会自动变为五五开。虽然路易丝把所有的钱都投了进去，玛克辛只是口头同意投入自己将来的利润，但是法律却认定，她俩各拥有新公司——L&M礼品公司——所有权的一半。

当公司只有一位合伙人投入所有的钱时，十之八九会出问题。L&M礼品公司也不例外。

玛克辛想开一家像模像样的礼品店。她在繁华地段租下了一个店面，从而让合伙公司背上了为期3年高于市场价格的租金。她还想好好装修一番，让自己梦想的礼品店看上去时髦漂亮。然后她又备了一大堆货，这笔费用同样由合伙公司负担。

L&M礼品店还没开张就已经在装修方面让合伙公司承担了12000美元的开销，而且接下来的3年里每个月还要支付1500美元的租金。路易丝对此毫不知情。不过，作为普通合伙人，玛克辛不必通知或取得另一名合伙人的同意便可以让公司承担责任。

路易丝准备在报纸上刊登一则广告来宣布本店即将隆重开业。但因为这是一家新成立的公司，报社要求她先把广告费交上。当路易丝去开支票的时候，她惊呆了，公司已经没钱了。为了开店，玛克辛已经把路易丝的10000美元花了个一干二净，而且还不够。

当路易丝质问玛克辛时，玛克辛显得毫不在乎。她问路易丝能不能再投些钱进去。但路易丝已经没钱了。她的存款、她开创一番事业的梦想和自己未来的保障都在玛克辛花掉的那10000美元里面。

玛克辛说自己没有信用卡，她问路易丝有没有信用卡或者是否可以申请一张来帮助她们渡过难关。玛克辛说如果她们可以齐心协力让礼品店开张就一定能赚到钱。直到这时路易丝才意识到：自己投入了所有的钱，承担了所有风险，到头来只是让玛克辛分享所有的利润。

路易丝心头一惊，但她依然不露声色地说自己没有信用卡，也没有足够的信用去申请。

听到这样的回答，玛克辛翻脸了。她说自己将所有的风格创意都投入到了这家店里。路易丝做的只是拿钱而已。自己为L&M礼品店所作的独具匠心的规划竟然因为路易丝拒绝继续投资而被扼杀,她感到非常愤怒。

路易丝被合伙人的反应惊呆了。她把自己一辈子的存款投了进去,玛克辛说也没说一声就挥霍了个一干二净。现在玛克辛竟然还因为自己没钱继续投入而生气。

可以猜到,两个人的关系一下子疏远起来。玛克辛明白今后不会再得到一分钱的投入了,碰巧此时她又和住在3000公里之外的前男友旧情复燃。还不到48个小时,她就收拾行李,离开了这里,从此音信全无。

留给路易丝的只有一大堆账单。玛克辛使合伙公司背负了一大堆债务,虽然路易丝对此毫不知情,但作为公司剩下的唯一一名普通合伙人,她必须对此承担个人责任。

房东、店面装修的承建商和货物供应商都把路易丝给告了。虽然玛克辛应该对债务承担同样(只多不少)的责任,但债权人却懒得去找她。她没有钱,而且住在这个国家的另一头。怎么会有人花费时间和金钱去找她呢?合伙公司的债务一下子全落在了路易丝头上。

路易丝一辈子的存款打了水漂,拥有自己一番事业的梦想也被撞了个粉碎,只得郁郁寡欢地回百货公司上班。

案例2告诉我们,相对于独资公司,普通合伙公司让你的风险增加了一倍。不仅你自己,而且你的合伙人也可以让你的个人资产面临风险。所有这些双倍(或3倍,或更多,取决于与你合作的普通合伙人的数量)的风险对做生意可不是什么好事。

正如我们前两个案例所指出的,从一开始就选择正确的公司类型是非常重要的。(另外,请注意,我们的故事并非都那么悲惨。只是因为我们现在正在讨论糟糕的公司类型。)

普通合伙制的其他缺点

如果所有这些双倍风险还不够糟糕,那么以普通合伙制进行经营还有其他缺点:

- 终止:当某一合作方死亡、退伙或破产时,合伙关系即终止。某些意外情况也许会让你措手不及。
- 出售:大部分精明的买家都不想承担加入普通合伙公司的风险。这会阻碍你出售自己在普通合伙公司中拥有的权益。

富爸爸小提示

- 你经营独资公司或普通合伙公司的时间越长,你越有可能因公司不测而承担个人责任。
- 如果你现在正在经营一家独资公司或普通合伙公司,请马上找一名专业人员帮你将公司转换为合适的公司类型。
- 如果你正准备踏进商界,不要让自己因为选择了糟糕的公司类型而走错第一步。

优秀的公司类型

- C型股份有限公司
- S型股份有限公司
- 有限责任公司(LLC)
- 有限合伙公司(LP)

为了保证公司在经营上的成功、保护自己的资产并降低自己所承担的风险，你需要从上面所列的优秀公司类型中进行选择。每一种公司类型都有自己的优势与特定用途。在经营与个人财务管理中，这些公司常常为富人和专业人士所利用。另外，根据你所在州的注册资金不同，这些公司只要 900 美元甚至更少即可设立，所以你同样可以享受那些精明的生意人已经享受了几百年的利益与保护。

在我们讨论股份有限公司、有限责任公司及有限合伙公司各自的相对优势之前，了解各种公司的术语也是非常重要的。虽然基本结构非常相似，但各个组成部分的称谓却各有不同。以下就是优秀类型公司的术语。

股份有限公司、有限责任公司和有限合伙公司的术语

项目	股份有限公司	有限责任公司	有限合伙公司
所有人	公司股东	公司成员	普通合伙人和有限合伙人
高层管理者	董事长；首席执行官（CEO）；总裁	经理	普通合伙人
向州政府提交的组织文件	公司章程	组织章程	有限合伙证书
运营准则	内部章程	经营协议	有限合伙协议

股份有限公司

在讨论优秀公司类型时，从股份有限公司开始无疑为最佳选择。股份有限公司经过 500 年的发展已经成为商业领域最常用的类型。

正如罗伯特·清崎在学习海事法时所了解的，股份有限公司从 16 世纪开始成为一种常用的公司形式，用来保护航海冒险的投资者。在股份有限公司流行起来之前，投资者们会组建一家合伙公司，准备好船，然后让船出海贸易。如果船在海上沉没了，投资者们不仅血本无归，而且还会被一大堆债主起诉。毫无疑问，这让人们害怕承担风险，不利于经济活动的开展。有鉴于此，英国的君主与法院允许颁发公司执照，让所有风险与责任仅限于公司本身。

股东，也就是公司的投资者，只按照出资比例对公司承担责任。这是世界经济史上的一次巨大发展。

案例3　英伦玫瑰／理查德·斯达克爵士

16世纪末期海运活动逐渐兴盛。人们被新大陆的财富与机会所吸引。那时候一小部分有钱的欧洲人把钱投入到商船上，来寻求贸易机会。如果你的船有幸穿过了大西洋，将货物卖出去或交换成别的产品然后满载而归，你就发财了。一句谚语由此而生：当我的船进港时。①

这个时候，伦敦有两组发起人②正在寻找投资人来投资一条船。这条船将驶往加勒比海，寻找贸易机会。一条名为"皇家回航"的船刚刚抵达伦敦码头，它的投资者收获了10倍的利润。这些天赐良机让其他投资者心潮澎湃。第一组发起人所招募的投资者将投资一条名为"英伦飞侠"的船。投资者以普通合伙人的身份与发起人合作，投资者每投入250英镑，将享受10%的利润回报。伊丽莎白时代的英格兰对普通合伙制的经营许可并无特殊要求，这一点至今未变。

两位英国绅士，理查德·斯达克爵士和约翰·弗尔斯先生对投资商船跃跃欲试。约翰·弗尔斯先生为"皇家回航"给投资者带来的回报而震惊。他想马上把钱投到下一艘起航的船上去。他并不在乎

---

① When One's Ship Come In. 意为：有朝一日发财时。

② 发起人是指参加订立发起协议，提出设立公司申请，认购公司出资或股份并对公司设立承担责任的人。

"英伦飞侠"是普通合伙制,也不担心普通合伙制将使他承担个人责任——至少财路近在眼前的时候是这样。约翰·弗尔斯先生立即向"英伦飞侠"投资了250英镑。

第二组发起人看准了一艘名为"英伦玫瑰"的船。他们希望在一种名叫股份有限公司的新形式下让投资者承担有限责任。问题是,同今天一样,组建公司会多花些钱,而且必须等女王颁发执照。但第二组发起人比第一组更加谨慎。万一船回不来了,他们不希望把自己和投资者们置于危险境地。小心谨慎的理查德·斯达克爵士决定投资"英伦玫瑰"。他知道穿越大西洋不是万无一失的事情。他希望将自己的风险限制在250英镑之内。

最后,"英伦玫瑰"和"英伦飞侠"同时离开伦敦驶往加勒比海。它们起航后,两家企业投资者的风险如下:

	英伦飞侠	英伦玫瑰
投资	普通合伙制 投资250英镑,取得公司利润的10%	股份有限公司 投资250英镑,取得公司股份的10%
失败的后果	每位投资者对全部债务及义务承担个人责任	每位投资者的责任只限于投入公司的250英镑

倒霉的是,"英伦飞侠"在百慕大三角沉没了。船是发起人租来的,船长也是他们雇来的,现在他们要对物主的损失负责。发起人与90%的一般合伙人都没有约翰·弗尔斯先生有钱。我们从路易丝的例子中可以看到——而且这也是千百年来不变的规律——债权人会去找那些最有钱、最容易抓到的目标。所以,虽然约翰·弗尔斯先生只是个拥有公司利润的10%的普通合伙人,却遭到了起诉并要对"英伦飞侠"的所有损失负责。惨痛的教训让他明白,如果你的船

回不来了，你就必须对此承担责任。

理查德·斯达克爵士运气不错，"英伦玫瑰"在大西洋上的航行非常顺利，并且为投资者带来了巨大的回报。与约翰·弗尔斯先生不同的是，理查德·斯达克爵士最多只有可能损失250英镑。利用股份有限公司，而不是普通合伙公司，他可以限定自己的负面风险，却毫不限制正面收益。

像理查德·斯达克爵士这样精明专业的投资者们利用股份有限公司及其他优秀的公司类型来限制自身的责任已经有几百年的时间了。

组建股份有限公司很简单。首先，你需要填写一份文件，创立一个拥有自己生命的独立法律实体。公司要有自己的名称、经营宗旨和国税局（IRS）备案的纳税识别号。这样公司才可以对经营活动承担责任，所有人或股东才能得到保护。所有人的责任被限定在开办公司时所投入的资金范围内，而不是全部个人资产。如果发生法律纠纷，遭到起诉也是公司，而不是该法律实体背后的个人。

股份有限公司由一位或多位股东组建。由于各州法律对此有不同的规定，在某些州，一个人可以担任所有的管理人及董事职务；在某些州，为了保护所有人的隐私，可以使用名义管理人和名义董事。公司的第一份文件——公司章程——由注册人签署。注册人可以是和公司有关的任何个人，包括公司的律师。律师担当注册人是非常常见的。

公司章程中会规定公司的名称、最初的董事会组成、股份数量及其他主要事项。因为公司章程属于公共记录，因此章程中不应包含详细、具体或机密的信息。股份有限公司受内部章程条款的约束。会议记录负责记录公司的决定，并保存在公司会议记录簿中。

公司成立后，股东从注册人手中接管公司。股东选举董事来监管公司。董事再指定管理人来对公司进行日常管理。

公司的股东、董事和管理人一定不能忘记履行公司的法定程序。他们必须将公司视为单个、独立的法律实体。这些法定程序包括定期举行常规会议、通过独立的银行账户进行财务往来、提交单独的纳税申报表并及时向州政府提交公司文件。

这些法定程序的不当履行或不履行可能导致债权人揭开公司面纱，要求公司管理人、董事和股东承担个人责任。这就是所谓的"揭开公司面纱制度"———一种债权人试图证明公司未能以独立的实体运行的法律行为。如果情况属实，公司的保护面纱即被揭开，相关人员则需承担个人责任。履行公司的法定程序并非难事，也不会花费多少时间。实际上，如果你有一名律师来处理公司文件、准备年度会议记录并指导你的会计师准备公司纳税申报表，你根本不需要在那上面多花一点时间，所增加的只是一点点费用而已。关键是，如果你多花这些钱是为了组建公司以获得有限责任保护，那么为了确保这种保护不失效，这些额外支出的一点点时间和金钱就很有必要了。

使用常规公司（或 C 型股份有限公司）进行经营的一个缺点是公司收入会被重复征税。这一般发生在公司财务年度[①]的年底。如果公司赢利了则要按照利润交税；如果公司向股东支付股息，股东又要被征一次税。为了避免 C 型股份有限公司的重复征税，大部分 C 型股份有限公司所有人都会在年末时使公司的赢利额为零。他们会在允许范围内使用一切抵扣来减少净收入。

而其他几种优秀的公司类型则不会出现重复征税的情况，比如有限责任公司和有限合伙公司。这两种公司的利润和亏损会从公司直接转移到公司所有人身上，因此不存在公司税这个税项，你只需

---

① 公司或国家预算的有效起止年，又称会计年度、预算年度。

要对你的个人收入纳税。根据具体情况下的不同，有限责任公司（LLP）和有限合伙公司（LP）的这种课税转移可能对你有利，也可能对你不利。还是那句话，没有哪一种公司是万能的。

值得注意的是，确实存在一种可以进行课税转移的股份有限公司——S型股份有限公司。由于美国国税局通过其S副章对这种公司进行了规制，所以它被称为S副章公司（即S型股份有限公司）。提交2553号表格（小型商业公司报税选择表）后，公司纳税时将不被视为独立实体。因此同合伙制一样，利润与亏损转移至股东。

虽然对于某些小企业来说，S型股份有限公司是企业类型的首选，但它也有一些局限。它最多只能拥有75位股东，而且所有股东都必须是美国公民；股东不得是股份公司、有限合伙公司、有限责任公司及包括某些信托在内的其他类型的公司；公司只能发行一种股票。

实际上，正是以上所列出的这些股份有限公司的局限促成了有限责任公司的诞生。因为很多股东希望拥有既可以进行课税转移又能享受有限责任保护的股份公司，却无法满足组建S型股份有限公司的条件。

S型股份有限公司必须在纳税年度第3个月的第15日之前提交2553号表格以使课税转移生效。但有限责任公司和有限合伙公司不必提交此表格也同样可以享受课税转移。

S型股份有限公司的另一个问题是一旦公司的一名股东将股票卖给一名不符合前述资格的人，那么股东不适格会使公司的课税转移功能失效。这样公司将不能再使用S型股份有限公司原有的报税方式纳税，而必须代之以C型股份有限公司的报税方式，且5年内不得改回S型股份有限公司。但使用有限责任公司则不会出现这些问题。

C型股份有限公司和S型股份有限公司都要求股东持股。虽然有限责任公司可以分配给成员一定股权，有限合伙公司也可以分配给合伙人一定股权，但这两种公司的股权都不如股份有限公司的股票那样具有高度的转让性与流通性（或买卖性），且两种公司都不能提供类似股票期权那样的所有权激励计划。有限责任公司和有限合伙公司都不适合进行公开募股。如果你希望使用股票期权激励员工并通过公开募股进行融资，那你最终必须变为C型股份有限公司。

富爸爸小提示

● 如果你希望公司在未来某个时间上市，但是希望在创业时期将亏损转移，你可以考虑以S型股份有限公司或有限责任公司起步。

● 在你享受了亏损转移的利益之后，随时可以转型为C型股份有限公司。

有限责任公司

在某些情况下，有限责任公司是一种非常实用的类型。因为它既可以提供股份有限公司的有限责任保护，又可以提供合伙公司的课税转移。因此，有人将有限责任公司称为股份合伙公司。

以下是有限责任公司的另外两条独特之处：

● 灵活的管理结构
● 灵活的利润与亏损分配

这些特点将在我们的下一个案例里得到说明。

案例 4　特尔玛／千年酱汁

特尔玛准备与两位合伙人派普和汉斯开办一家酱汁店。他们已经采取了第一个有利的步骤,准备了一份商业计划书。他们分析了市场和竞争对手,计算出了成本和保守收入,然后得出结论:"千年酱汁"在两年内不会赔钱。

问题是每个合伙人都有自己的计划而且互相很难协调。他们同意各自取得"千年酱汁"1/3 的收益作为回报。但似乎没有哪种公司结构可以满足他们的其他条件。派普投入了 20 万美元创业资金使生意运转起来。他一点儿也不想参与管理,但他希望:第一,用自己其他的个人收入或生意上的收入来抵消这家公司的亏损;第二,初期的全部利润直接支付给他,直至他收回所投入资金的 1.5 倍,也就是 30 万美元。汉斯则将他的酱汁秘方献给了公司。这是一份闻名世界的秘方,照此制出的酱汁新鲜美味且保存期长,但除此之外汉斯对公司就没有贡献什么了。他曾表示自己愿意为公司打工,但特尔玛和派普了解他那些要命的工作习惯和古怪的烹饪癖好。他为公司打工还不如说是帮倒忙。

特尔玛将在公司任职。她对公司的贡献是在接下来的两年里——或不管多长的时间里——为公司工作,但薪水很低。她从表姐路易丝那里了解到普通合伙制是种糟糕的公司类型。特尔玛最不想看到的事情,就是汉斯再去搞出个"香蕉洋葱头"之类的怪诞又丢人的美食计划。

公司的管理,包括避免汉斯干预公司事务,是一个问题。但更大的问题是如何让初期的亏损以及 30 万美元利润转移给派普。

特尔玛知道在 S 型股份有限公司里,利润和亏损是完全按照股东所有权的比例进行分配的。如果你拥有 50%,那么就有 50% 转移给你。在"千年酱汁"的情况下,每个人都将得到 1/3 的收益。但在初期，他们分配给派普的利润必须大于 1/3。

怎样才能满足派普的条件呢？特尔玛知道要是自己想不出个好办法来，派普是不会同意加入的。

特尔玛去咨询了她的兼职会计，会计说她应该使用 S 型股份有限公司。她告诉特尔玛说派普的要求无法满足，这种公司结构唯一能做的就是将利润与亏损平均分配给"千年酱汁"的每一位股东。会计说任何情况下她都使用 S 型股份有限公司，而且大部分客户都很满意。

特尔玛又去咨询了当地一位精通企业类型与结构的律师。在律师那里，特尔玛第一次听说了"有限责任公司"这个词。她得知有限责任公司可以根据合伙制的原则将利润与亏损进行特殊分配，这样就可以满足派普的条件了，而且她可以实施有限责任公司那种灵活的管理结构，这样派普和汉斯就都没有决策权了。

律师列出了一张表，表中显示了在利润与亏损的分配方面，僵硬的 S 型股份有限公司与灵活的有限责任公司的区别。

千年酱汁，S 型股份有限公司

所有人与收益	第一年 60000 美元的损失	第二年 30000 美元的损失	第三年 300000 美元的赢利	第四年 600000 美元的赢利
派普—1/3	20000 美元	10000 美元	100000 美元	200000 美元
汉斯—1/3	20000 美元	10000 美元	100000 美元	200000 美元
特尔玛—1/3	20000 美元	10000 美元	100000 美元	200000 美元

"千年酱汁 S 型股份有限公司"必须按照每位股东所有权的比例进行收入分配。由于派普只拥有 1/3 的所有权，因此无法分配给他 100% 的利润或亏损。公司只能按照他的所有权比例进行转移。但特尔玛更喜欢有限责任公司的模式：

千年酱汁，S型股份有限公司

所有人与收益	第一年 60000美元 的损失	第二年 30000美元 的损失	第三年 300000美元 的赢利	第四年 600000美元 的赢利
派普—1/3	60000美元	30000美元	300000美元	200000美元
汉斯—1/3	0	0	0	200000美元
特尔玛—1/3	0	0	0	200000美元

在有限责任公司的情况下，派普的要求可以得到满足。他可以获得初期的亏损及30万美元的利润。值得注意的是，这种特殊分配必须基于合法的经济条件，而不是简单地将一个纳税人的纳税义务转移到另一个人身上。黛安娜·肯尼迪所著《致富的窍门》一书的第11章到第15章会对相关法律条款进行精彩讨论。律师告诉特尔玛她需要同纳税方面的专业人员合作，以确保"千年酱汁"的经营不会出现任何问题。

律师还提到，如果使用有限责任公司，特尔玛作为一名雇员必须为从公司转移到自己身上的钱缴纳15.3%的自雇税。2001年的法定最高自雇税额为80400美元。缴纳自雇税后的收入还要继续缴纳2.9%的医疗税。由于派普和汉斯是投资者而不是雇员，因此转移到他们那里的钱不必缴纳自雇税。而在S型股份有限公司里，只有被视为工资的那部分钱才需缴纳自雇税，其他收益则不用以自雇收入进行纳税，因此S型股份有限公司对特尔玛来说可能是比较有利的选择。但这样一来，律师又提示说派普期望的那种灵活的分配方式在S型股份有限公司内就无法实现了。还是那句话：没有哪一种公司是万能的。

特尔玛还了解到，有限责任公司的管理结构也有所不同，而且比股份有限公司更灵活。股份有限公司的管理结构是，股东选举董事，董事选举管理人，管理人再雇用员工。而在有限责任公司里，全部成员、部分成员或者非成员都可以对公司进行管理，而成员基本相当于股份有限公司里的股东。由成员进行公司管理的形式被称为"成员管理"模式，由非成员进行公司管理的形式被称为"经理管理"模式。因为派普不想承担管理责任，他和特尔玛也都不想让汉斯插手公司管理，于是特尔玛被指定为"经理管理"有限责任公司的唯一一名经理。作为经理，她全权代理公司事务。在股份有限公司的术语里，她就是千年酱汁公司的董事长、总裁、书记员、财务主管和副总裁。而在有限责任公司，她名片上只需要写"经理，千年酱汁有限责任公司"。

派普很喜欢特尔玛从律师事务所带回来的方案。他把钱投了进去，现在生意开始运转了。

有限责任公司的诞生是为了克服股份有限公司在避免重复征税时遇到的问题。这种公司类型在发展过程中产生了一些独特有效的特征，让其更有优势。主要特点有以下几个：

有限责任保护

同股份公司一样，有限责任公司的所有人对公司债务和诉讼请求不承担个人责任。现在这个时代，一次诉讼就可以让你在不经意间丢掉一辈子的存款，因此有限责任保护是极其重要的。

千万不要忘记，和股份公司一样，在有限责任公司中，如果你签订了个人担保，便需要对公司的某些债务承担个人责任。例如，大部分房东都会要求新公司的所有人或管理人作出个人担保，保证其支付房租。如果公司破产，房东有权要求担保人继续支付每月房租，直到房产再次租出为止。同样，联邦小企业署（SBA）发放贷款时也会要求个人作出担保。SBA的代理人会说，如果贷款人连个人资产都舍不得冒险就没有资格得到贷款。实际上，同任何一家银行一样，他们也希望确保尽可能高的安全性。这种个人担保是一种标准的商业条件，不会改变。

不能忽略的一个重点是，你不能为公司参与的所有买卖协议与实际交易签下个人担保。恰当的使用有限责任公司可以在经营中为你提供保护。获得这种保护的关键，是你需要以有限责任公司管理人的身份签订协议。在协议上签名时不加"经理，×××，×× 有限责任公司"的头衔，可能导致你承担个人责任。你必须让别人知道你是以一个独立实体代表的身份在进行经营。因此，在你的信笺、支票、发票、宣传资料，特别是书面协议中，署上"×× 有限责任公司"是非常重要的。当然，如果你使用的是股份有限公司就署"×× 股份有限公司"，是有限合伙公司就署"×× 有限合伙公司"。

对所有人无条件限制

人们使用 S 型股份有限公司遇到的一个问题，是它对所有人数量的限制。S 型股份有限公司只能拥有 75 名以内的股东，此外非美国公民与某些实体也不能成为 S 型股份有限公司的股东。

有限责任公司则比较灵活。它可以拥有 1 名至无限多名成员，且成员可以是非美国公民、浪费信托[①]或公司实体。同 S 型股份有限公司不同的是，你不必担心股东将股权卖给不适格的股东而无法享受转移课税。

灵活的管理模式

有限责任公司有两种非常灵活有效的管理方式。公司可以由全部成员共同管理，这被称为"成员管理"模式；或者公司可以由一位、几位成员或者非成员进行管理，被称为"经理管理"模式。

[①] 一种为保护不能管理自己财产的成年受益人及其家庭生活，避免财产被挥霍浪费而设的，禁止受益权转让的信托。与英国的保护信托相似，又称"禁止挥霍信托"或"浪费者信托"。

确定有限责任公司是"成员管理"还是"经理管理"非常简单。某些州规定在向州政府提交的组织章程中，公司必须说明其管理模式。在其他的司法规定下，公司只需在经营协议中具体规定其管理模式就行了。如果有限责任公司的成员希望在"经理管理"与"成员管理"之间进行转换，只需要进行成员表决就可以了。

大多数情况下，有限责任公司由成员进行管理。许多处于发展阶段的小型公司，其每一位所有人都希望能够积极参与公司的经营。"成员管理"模式是实现这个目标简单而又直接的方式。

我们应该已经注意到了，股份有限公司有多级管理层。管理人——总裁、书记员、财务主管和副总裁——由董事会任命进行日常管理，而董事会则管理宏观及战略上的问题。董事由股东任命。相比之下，在实施成员管理的有限责任公司中，成员可以集股东、董事和管理人职能于一身。

有时候，公司的管理更适合使用"经理管理"模式。在下面的情况中我们就可以使用"经理管理"模式：

1. 有限责任公司的一位或几位成员只想投资不想参与决策和管理。

2. 某人希望将成员权益赠与其子女，但又不希望他们参与管理或认为他们参与管理的时机还不成熟。

3. 一位非成员将钱借给了有限责任公司并且希望自己在钱的支配上有发言权。解决的办法是采用"经理管理"模式并且任命他为经理。

4. 几位成员一起投资一项生意。他们认为稳妥的方法是从外面雇一名专业经理人来管理公司并授予他管理权。

同股份有限公司一样，最好对决策人召开的会议进行记录。虽然有些州不要求有限责任公司举行年会或其他会议，但最好还是定期对会议进行记录，以避免公司内部沟通不畅、公司管理不善或被债权人追索个人责任等情况发生。

有限责任公司利润及亏损的分配/特殊分配

有限责任公司的一大特点，就是这种公司的合伙规则允许将利润和亏损以一种灵活的方式进行分配。这和股份有限公司有着巨大的差别，股份有限公司只能按照所有权比例进行股息分配。

例如，有限责任公司可以将40%的利润分配给初期出资额只占20%的成员。这被称为"特殊分配"。这种特殊分配必须能够带来明显的经济效益，才能被国税局接

受。换句话说，这种分配必须基于合法的经济条件，而不是简单的为了转移成员的纳税责任。

通过在有限责任公司的经营协议中使用特定术语，你可以为自己创造一个避风港，用这个避风港来确保特殊分配确实会给自己带来经济效益。（同海上航行的船一样，这种避风港可以让你在国税局面前感到安全与舒适。）以下就是一些特定术语：

1. 资本账户。资本账户需包括所有人的投资额及累积的未分配收益。越少的累积亏损，越少的资本返还，资本账户的积累额度就越高。每位成员的资本账户必须在国税局的特别规定下进行登账。这些问题你可以咨询你的税务顾问。它们并无特殊之处。

2. 基于资本账户的公司清算。有限责任公司解散时，应根据资本账户的余额进行资产分配。

3. 资本账户逆差偿付。在有限责任公司被出售、清算或其所有人出售所持股权的情况下，如果成员的资本账户出现负余额，则成员必须将其恢复至零余额账户。

值得注意的是，关于特殊分配的规定以及对这种"避风港"条文的遵守是一个棘手的法律问题。你一定要咨询一位能够胜任本项工作的顾问。

课税转移

正如前文一再提及的，有限责任公司最大的实惠，也是其存在的关键因素，就是国税局允许其进行课税转移。公司所有的利润与亏损在转移前不必缴税，它们转移到公司所有人的纳税申报表后，才会在个人层面上缴税。

C型股份有限公司则不尽相同。C型股份有限公司需要为其赢利在公司层面上缴税，当股息被支付给股东时还要缴一次税，于是产生了重复征税的情况。不过，通过合理的规划，你可以将C型股份有限公司重复征税的影响降至最低。

S型股份有限公司的利润与亏损可以直接转移出公司，因此避免了重复征税，但利润与亏损只能按照股东对公司的所有权比例进行分配。如上文所述，有限责任公司的利润与亏损可以转移出公司，且可以不按照成员的所有权比例进行分配。因此，有限责任公司集两种巨大的财务便利于一身，这是其他的公司类型无法企及的。

缺乏先例[①]

有限责任公司的一个缺点是：它是一种新型公司，还没有足够多的法院裁决先例来规定其应用的方方面面。而股份有限公司与合伙公司则拥有几百年的法庭判例为其经营提供先例。

大多数法律界人士认为，今后法院在规定有限责任公司的有限

[①] 美国实行判例法制度。其法律规范不是来自专门的立法机构，而是法官对案件的审理结果，这种审理结果对以后的判决具有法律效力，能够作为法院判案的法律依据。这和中国的成文法或制定法制度是相对的。

责任与公司特征时会参考股份有限公司的相关法律，在规定其合伙方面特征时会参考合伙公司的相关法律。到时候就会出台一种合二为一的有限责任公司法。

但在那一天到来之前，有限责任公司的所有人必须明白：法院对有限责任公司法的性质、法律效力甚至法律问题的解读也许并不准确。如果你还在犹豫该选择哪种公司类型，而你也不喜欢由于缺乏法律判例而产生的不确定性，那么你应该考虑放弃有限责任公司这种形式。

富爸爸小提示

- 加利福尼亚州的居民在考虑采用有限责任公司时要谨慎。加州的有限责任公司会给你带来非常高的费用。
- 除了800美元的年税，加州政府还根据公司总收入向有限责任公司收费。这项收费基于公司的营业收入，与是否赢利毫无关系。因此即使赔钱你也得缴纳。
- 总收入在250000美元至499999美元区间内时，政府收费是1042美元。收费金额随着总收入的提高而提高，总收入超过500万美元时费用增至9377美元。当你考虑在加州该采用哪种公司类型时千万别忘记这一点。

有限合伙公司

有限合伙公司和普通合伙公司非常相似，不同的是前者拥有两种合伙人。第一种是普通合伙人，负责经营合伙公司。这种普通合伙人与普通合伙公司的合伙人一样有权让公司承担义务，同时对公司债务和所有权主张承担个人责任。如果公司有多名普通合伙人，所有的普通合伙人应负连带责任，这意味着债权人可以向任何一位普通合伙人追索所有的债务。但人们可以组建一个股份有限公司或有限责任公司来担任普通合伙公司的合伙人，这样就可以用一种优秀类型的公司来限制无限责任。

第二种合伙人被称为有限合伙人。有限合伙人的责任仅限于其出资额，且不得参与合伙公司的经营，即有限合伙人是公司所有人但无权干涉公司运营。这正是吉姆想要的。

案例5 吉姆

吉姆是一位骄傲的父亲，他的3个儿子——艾伦、鲍勃和克瑞斯——正在上高中，即将到达法定成人年龄。他们活泼、好动、富有创造力，马上就要在事业上一展身手。但是他们有时又有点儿太活泼、太好动、太富有创造力了。

艾伦今年17岁，喜欢哗众取宠，似乎有点荷尔蒙分泌过剩。他喜欢姑娘们，姑娘们也喜欢他，他的社交生活充满疯狂与混乱。吉姆知道艾伦很聪明，但他甚至都不能静下心来完成一份作业，更别提什么上大学了。

鲍勃今年16岁，每天关心的只有运动。他参加运动项目，观看体育节目，呼出气来也全是运动的味道。鲍勃希望能获得大学奖学金到大学去打橄榄球和/或棒球。但吉姆担心，如果得不到奖学金，鲍勃还能不能上大学，还有没有兴趣上大学？

克瑞斯15岁，是重金属乐队"嚎叫"的主吉他手。只要"嚎叫"在吉姆车库里排练，四邻就别想清静了。乐队成员们的身上都有文身，戴着穿孔饰物，他们的女朋友们看起来就像野兽。吉姆很担心克瑞斯的这些狐朋狗友们。"嚎叫"的歌词总是将学校描述成社会精英阶层对他们进行洗脑的工具。克瑞斯15岁时这副模样完全在吉姆的预料之中，现在他担心的是克瑞斯21岁时还是这副模样。

让吉姆放心不下的是那5处准备留给儿子们的价值不菲的房

产。吉姆的妻子已去世多年，现在他需要为这些房产做打算。但鉴于儿子们现在精力过剩、吊儿郎当的样子，吉姆现在不想让他们控制或管理这些房产。

吉姆知道如果这些资产继续留在自己的名下，国税局会在他死后拿走其中的55%，估价超过200万美元。虽然遗产税将逐渐取消，但吉姆明白议会随时都可能重新开征。吉姆曾经卖命地工作，而且在购置房产前已经缴纳了个人所得税，所以他不想让国税局的遗产税再夺走自己一半的资产。但他又不能把房产的控制权交给儿子们。他知道虽然政府会让自己的资产减少55%，儿子们却可以毫不费力地让自己100%的努力化为泡影。

吉姆让朋友给自己介绍了一个好律师，他希望律师可以帮助自己想一个解决方案。律师建议他将5处房产放在5家单独的有限合伙公司里。

律师解释说，有限合伙公司的妙处在于，所有的管理权都掌握在普通合伙人手里。有限合伙人无权参与管理，这种所有人没有主动权，行为是受"限制"的。

律师继续解释说，普通合伙人可以拥有有限合伙公司最低至1%的所有权，而让有限合伙人拥有剩下的99%，但普通合伙人对公司的经营仍然拥有100%的权利。有限合伙人虽然拥有99%的所有权，却无权参与管理。这是有限合伙公司与有限责任公司或股份有限公司最主要、最独特的区别。假如吉姆的儿子们拥有的是有限责任公司或股份有限公司99%的所有权，他们就可以罢免他们的爸爸，卖掉资产，开上好几年的派对。有限合伙公司则完全可以避免这种情况发生。

有限合伙公司对吉姆来说是个绝佳选择。他很清楚，儿子们不可能认真履行任何管理职责，至少现在还不会。而他现在想把资产从自己名下转移出去，这样就不用缴纳巨额遗产税了。这种情况下有限合伙公司是最佳选择。如果采用有限合伙公司还可以享受国税局对赠予的优惠政策。因此他可以向每个孩子免税赠予12500美元或更多，而不仅仅限于10000美元。他可以逐年减少自己在每个有限合伙公司内的权益，转移为儿子们的权益。当吉姆去世时，国税局只能按照他在每家有限合伙公司内剩余的权益额征收遗产税。如果在世时间足够长，他甚至可以将自己在5家公司内的全部权益都赠予出去。

通过保留1%的普通合伙人权益，吉姆可以一直掌握公司的控制权，直到去世的那一天。虽然他希望孩子们以后可以给自己争口气，但万一事不遂愿，这种模式可以让他对公司拥有完全的控制权。

律师建议吉姆将5处房产分别置于5家单独的有限合伙公司内，吉姆也很欣赏这个主意。律师解释说现代商业的策略是将资产分割。如果有人在吉姆的某家公司受到侵害或与之发生纠纷，然后起诉这家公司，那么只有一处房产将被暴露在该诉讼之下。如果5处房产都在同一家有限合伙公司里，诉讼人就可以对所有房产进行追索来满足自己的主张。通过将资产分割在不同的公司里，诉讼人只能追索与自己发生纠纷的公司名下的房产。

以吉姆的情况，分割资产还有一个好处是可以满足孩子们不同的兴趣爱好。如果吉姆让一家公司经营棒球场的生意，另一家做自助洗衣店的生意，鲍勃将乐意拥有棒球场的生意，而艾伦则乐于拥有一家自助洗衣店——因为他可以在这里和女孩儿们约会。（吉姆目前还没发现什么让克瑞斯感兴趣的生意。）随着孩子们越来越大，吉姆可以一步步将各个有限合伙公司的权益赠给他们。

吉姆喜欢有限合伙公司带来的公司控制权和资产保护，马上就成立了5家有限合伙公司。

要成立有限合伙公司，你必须向州务卿办公室提交有限合伙证书，即LP-1表格。这份文件类似股份有限公司的公司章程或有限责任公司的组织章程，各州的规定不同，但一般都需要包含普通合伙人和有限合伙人的信息。

同有限责任公司一样，有限合伙公司也拥有一些其他公司类型所没有的独特优势。这些优势包括：

有限责任

有限合伙人只在出资额或出资义务的范围内对合伙公司的债务承担责任。因此，如上所述，除非他们参与了公司管理，否则有限合伙人将受到有限责任保护。

通常来说，普通合伙人对合伙公司所有的债务都承担个人责任。但就像前面讲过的，有一种方法可以保护有限合伙公司里的普通合伙人。成立股份有限公司或有限责任公司来担任有限合伙公司的普通合伙人，可以减少其责任风险。这样，有限合伙公司里的普通合伙人就得到了保护。假设有债权人起诉有限合伙公司，对其进行债务追索并要求普通合伙人承担责任，而此时如果普通合伙人是一家股份有限公司或有限责任公司，那么责任就到此为止，个人资产不会承担风险。

因此，很多，甚至大多数有限合伙公司都使用股份有限公司或有限责任公司来担任普通合伙人。这样普通合伙人和有限合伙人就都能获得责任保护。

管理权保留

根据定义，有限合伙人不得参与管理，因此普通合伙人拥有所有的管理权。很多情况下普通合伙人只拥有公司权益的1%至2%，却拥有公司100%的控制权。这项特征在对遗产进行规划，且准备将有限合伙公司的权益赠予或已经赠予子女时非常有价值。虽然父母只保留非常小的普通合伙人权益，但在子女成年或具有行为能力之前，父母能够一直对公司进行管理。

转让限制

有限合伙公司一个很重要的特征，是它可以限制将有限合伙权益或普通合伙权益转让给外人。通过书面形式的有限合伙协议，合伙人可以对优先购买权、禁止转让、转让条件进行规定，以此约束合伙权益的转让。应该注意到，有限责任公司也可以提供有利的转让限制。这些限制对于实现责任保护、规避遗产税和赠予税都非常关键。

债务责任保护

有限合伙公司的债权人只能追索合伙公司的资产和普通合伙人的资产，而后者的责任又可以通过使用股份有限公司来进行限制。因此，如果你和你的家庭拥有3幢独立的公寓大楼，谨慎的做法是将这3处资产分别置于3家独立的有限合伙公司里，并使用3个独立的股份有限公司担当普通合伙人。如果有承租人对房产状况提起诉讼，其他两处大楼就不会暴露在他的索赔要求下。

个人合伙人的债权人只能追索这个人在有限合伙公司里的合伙权益而不是合伙资产本身。假设你将一所公寓大楼的资产置入一家有限合伙公司中，并且将25%的有限合伙权益赠予你的儿子。儿子年纪尚轻，忘了买机动车保险。当然，我们的故事会让他遭遇车祸，而且一位判定债权人[①]正虎视眈眈地盯着他的资产。由于这是一家有限合伙公司，这位债权人无法追讨公寓大楼本身，而只能得到有限合伙公司的权益，并且只能通过押记令[②]的程序才能得逞。押记令允许以下情况：如果判定债务人与他人存在合伙关系，债权人可以在

[①] 法院裁定的债权人。

[②] 在民事诉讼中，当债权人获法院判决胜诉，若败诉一方未能归还判决令中判给胜诉一方的金额，胜诉一方可以向法院申请押记令，并据此扣押败诉一方相当于前述应付金额的物业，强制执行债务偿还。

不解散合伙公司的情况下追索债务人的公司权益。押记令并不讨债权人的喜欢，它可能给债权人带来虚幻收入。虚幻收入让债权人还没拿到钱就要承担起这份收入的纳税义务。没有几个债权人愿意为这笔虚无缥缈的收入缴税。

家庭财产转移

如果规划得当，家庭资产在从父代向子代转移时可以进行价值折扣。一般情况下，国税局允许一个人每年向另一个人赠予10000美元。任何价值超过10000美元的赠予都必须缴纳不低于18%的赠予税。在遗产规划方面，年长的家庭成员都会被建议在活着的时候放弃部分资产，以便将最高可达55%的遗产税尽可能地降低。

家庭有限合伙制是一种用于家庭资产管理与赠予的有限合伙制，使用家庭有限合伙制可以在国税局允许的范围内提高赠予速度。如上所述，因为有限合伙人不能参与公司事务的管理，且在资产转让上频频受限，因此国税局允许对其资产价值进行折扣。换句话说，即使某有限合伙人拥有10%的权益，其账面价值为12500美元，一般的投资者也不会投入那么多钱，因为有限合伙人在公司管理上毫无发言权且今后转让权益时也会受到诸多限制。因此国税局不会将其估价为12500美元，而更倾向于认定其为10000美元。

当父母向子女进行赠予时，这种认定的好处就显现出来了。假设一对夫妻有4个孩子，那么他们2人每年可以分别向每个孩子赠予10000美元而不需缴纳赠予税。这样他们每年总共可以赠予的价值是80000美元（夫妻2人×4个孩子×10000美元）。对于一般的投资者来说，12500美元的权益实际只值10000美元，按照这种价值折扣，如果夫妻各向每个孩子赠予10%的有限合伙权益，他们总共赠予的价值为80000美元，不需缴纳赠予税。如果合伙权益的总价值为 125000 美元，那么他们已经赠予了其中的 80%，也就是 100000 美元的账面价值。折扣后的赠予价值为 80000 美元，折扣前为 12500（合伙权益的 10%）× 8 = 100000 美元。如果没有使用有限合伙制，他们就需要为这 20000 美元的差额缴纳赠予税。

这个例子说明，家庭财产的转移可以通过利用有限合伙的折扣实现加速。一旦你认识到了这种技巧的巧妙，你一定会问：国税局能允许多大的折扣呢？ 25%、35%，还是能高到 65%？虽然没有明确的界限或数值，但有句老话可以告诉你答案：树大招风。如果你对折扣过于贪婪，国税局会对你的计划提出疑问。依我的经验，我建议客户不要使用超过 30% 的折扣。也许这有些保守，和我打过交道的一些专业人士也曾非常肯定地说，可以使用更高的折扣。还是那句话，这方面并不存在唯一的答案。你和你的顾问可以找到能让你自己放心的数值。

灵活性

有限合伙公司可以提供巨大的灵活性。你可以根据业务的需要或家庭规划的各种情况来起草书面合伙协议。通过一份严密的合伙协议，绝大多数法定条件都可以改变或去除。

课税

有限合伙公司与普通合伙公司一样可以进行课税转移。有限合伙公司首选需要提交一张纳税申报信息表（国税局表格 1065，"美国合伙企业纳税申报表"，同普通合伙公司一样），之后每位合伙人将收到一张"国税局项目清单 K-1（1065）——合伙人收入份额，课税补贴及抵扣"。然后每位合伙人再用国税局 1040 纳税申报表来填写 K-1 清单。

公司类型比较

	C 型股份有限公司	S 型股份有限公司	有限责任公司	有限合伙公司	普通合伙公司	独资公司
对公司债务的个人责任	股东不承担个人责任	股东不承担个人责任	成员不承担个人责任	普通合伙人承担个人责任；有限合伙人不承担个人责任	所有普通合伙人承担个人责任	独资经营者承担个人责任
谁有权让公司承担责任	管理人及董事	管理人及董事	所有成员（成员管理模式下）；所有经理（经理管理模式下）	所有普通合伙人	所有普通合伙人	独资经营者
经营决策者	董事长、管理人	董事长、管理人	同上	同上	普通合伙人	独资经营者
所有权限限制	大部分州允许公司只有1名股东，也有些州要求至少2名股东	股东不得超过75人且不得为外国人，外国公司或本国公司	大多数州允许成立只有一名成员的有限责任公司	至少一名普通合伙人和一名有限合伙人	至少两名普通合伙人	一名独资经营者，且只可为一名
创立及经营形式	向州政府提交章程；要求设立内部章程并举行年会	向州政府提交章程；向国税局提交2553表格；要求设立内部章程并举行年会	向州政府提交章程；不要求设立经营协议与召开年会，但我们对此强烈推荐	向州政府提交LP-1表格；不要求设立经营协议与召开年会，但我们对此强烈推荐	无需提交文件，推荐设立合伙协议，不需要召开年会	无需提交文件，不需要召开年会

续表

	C型股份有限公司	S型股份有限公司	有限责任公司	有限合伙公司	普通合伙公司	独资公司
权益转让的限制	转让会受到公司协议或证券法的限制	转让会受到公司协议或证券法的限制；如转让权益给不合格股东，S型公司地位终止	无权转让权益的成员进行转让时需取得股东的一致或绝对多数同意	要求取得所有合伙人的同意	要求取得所有合伙人的同意	可以将公司售与他人
所有人死亡或终止合伙对公司的影响	公司继续运营	公司继续运营	在某些州，除非成员表决公司继续运营，否则公司解散	除非合伙协议中另有规定，否则公司自动解散	除非合伙协议中另有规定，否则公司自动解散	自动解散
公司利润的缴税	公司利润按照公司的税率纳税，股东个人税率按照股息纳税	按照股东的个人税率纳税	除非有限责任公司选择按照公司税率纳税，否则成员须按照个人税率纳税（加州居民要注意州政府的额外收费）	普通合伙人和有限合伙人根据个人税率纳税	普通合伙人根据个人税率纳税	独资经营者按照个人税率纳税

43

以上表格对我们已经讨论过的优秀的和糟糕的公司类型作了一下比较。在这里我们可以看到 C 型股份有限公司和 S 型股份有限公司的更多优势。

编者按

　　作为一个初入市场的创业者，你可能无法准确把握什么样的公司模式才能给你带来更多的保障，这就需要你对各种公司模式有一个初步的认识，再结合自身的当前追求和长远利益来作出选择。你要考虑你的资金是否充裕、公司的业务范畴、投资者的多少以及结合的方式（是资金结合、劳务结合还是混合性结合），判断你最终应选用哪一种公司类型，本书为你提供了初步参考。

　　本章中提及的 C 型股份有限公司、S 型股份有限公司、普通合伙公司、有限合伙公司、有限责任公司以及独资公司为美国的公司类型划分，同中国现有的公司类型划分并不完全一致。中国的公司类型划分包括股份有限公司、有限责任公司两种。中国的独资公司属于有限责任公司，其法人以出资为限承担有限责任。中国的合伙企业不具备公司性质，不存在有限合伙与普通合伙的区别，合伙人都要对企业债务承担无限的连带责任。

　　中国的法律，特别是商事法律因为国内市场经济出现较晚，发展也就相对滞后，对法律调控对象即商事主体的划分显然远远不够。公司类型划分并不全面，也使市场参与者无法更好地应用法律来为自身的商事行为提供良好的服务，争取合法范畴内的利益最大化。

　　本文主旨就在于通过对美国法的了解借鉴，使读者能够开阔眼界，对市场及商事行为、商事法律有更为拓展的认知，并能够更好地应用。如美国法中的有限合伙制，当人们只想出资获利却不想参与经营、不愿承担额外风险时，它就是一项很好的选择，既能实现

人们的上述愿望，同时又能为合伙人在税收上提供宽松的政策。而

对股份有限公司的细化，如对C型及S型股份公司的划分，也将法律与税收政策相结合，更好地实现了投资者的利益追求。

美国公司法对公司设立、运行的一些细节设定——如对投资者的市场准入门槛的最小化，揭开公司面纱等对相对人利益保护的最大化——都是以市场为基准、以利益为考量的更为完善的商事法律制度，这些都是值得我国立法借鉴，值得投资者们深入研究并充分利用的。

第 2 章
如何最大限度地利用 C 型股份有限公司

我们已经了解到，不同的公司类型适用不同的公司规模。有时应该采用有限责任公司（LLC），而有时有限合伙公司（LP）才是最佳形式。

但有一点上，C 型股份有限公司拥有无与伦比的优势，即：C 型股份有限公司可以实现最大额度的课税减免，并且利用税法取得在额外福利及其他福利方面的最大收益。

请读者参看下表，表中描述了在计税额中可以作出减免的额外福利。

C 型股份有限公司可为你提供的一整套额外福利包括：

- 医疗保险
- 团体人寿[①]及残疾险
- 雇员医疗费用补偿

---

① 团体人寿保险是以团体为保险对象，由保险公司签发一张总的保险单，为该团体的成员提供保障的保险。

公司类型比较——额外福利

独资公司	普通及有限合伙公司	有限责任公司	S型股份有限公司	C型股份有限公司
可以参加IRA（个人退休金账户）[①]或基奥退休金计划[②]；可从计税额中减除一定医疗保险费。	普通合伙人或雇员可以参加IRA（个人退休金账户）或基奥退休金计划；可从计税额中减除一定医疗保险费。	根据征税方式不同，可获得股份制、合伙人制或独资制等公司类型的福利。	如果员工拥有公司股份的2%及以上则可以收入的形式获得额外福利；否则与普通合伙制相同。	可获得公司能够进行课税减免的一整套额外福利，且此福利并不视为股权人的收入。

与其他公司不同的是，尽管给自身带来了经营净亏损，C型股份有限公司却促进了"退休金计划"的发展。如果这一系列长期稳定的课税减免对你非常重要，那么C型股份有限公司就是你的首选。

案例6 托尼与特瑞莎

托尼和特瑞莎夫妇生活幸福，有两个孩子和一条狗，每月还要还贷。托尼是当地一家医院的实验室技术员。特瑞莎则照看两个孩子，孩子们上学时她在本地一家花店做做花艺，打些零工。虽然托尼收入不菲，但两人一直过着"月光族"的生活。他们既没有开始为孩子们攒学费，也没有为自己退休后的生活费做准备。

托尼和特瑞莎认识的不少夫妻也面临着同样的处境。在很多家

[①] 个人退休金账户是美国商业银行1974年为没有参加"职工退休计划"的个人创设的一种储蓄存款账户。按照规定只要工资收入者每年在银行存入2000美元，其存款利率可以不受《Q字条例》限制，且可暂时享受免税优惠，直到存户退休以后，再按其支取的金额计算所得税。然而，由于退休后存户收入减少，故这笔存款仍可按较低的税率纳税。个人退休金账户存款因存期较长，其利率也略高于一般储蓄存款。

[②] 基奥计划是针对自由职业者而设的，为其退休而存款的计划，可减免纳税。

庭中，夫妻二人都全职工作，结果却差强人意。很多人心存无奈，只得寄希望于某天生活会发生转机。孩子们也许会拿到大学奖学金和助学贷款。社会福利也会保障自己的退休生活。

但特瑞莎不想依靠这些虚无缥缈的希望。她不想让孩子们早早地就背上沉重的助学贷款，当然也不指望社会福利做自己的救命稻草。要知道，婴儿潮中出生的千百万人到那个时候正好退休。

于是托尼和特瑞莎开始讨论如何改善财务状况。两人分析了现在的情况和需求。托尼在医院做全职工作，享受医疗保险，但必须把自己税后收入的一部分拿出来为妻子和两个孩子交保险。另外他还享受着小额的退休福利。托尼和特瑞莎都喜欢旅游，而且希望每年都有一到两次像样的旅行。出行方面，托尼有一辆性能良好的新款福特金牛座轿车，但特瑞莎的道奇影子则有些破旧，她一点儿也不想开这辆车接送孩子们。另外他们还注意到孩子们越来越大了，家里需要一台电脑配合他们的学业。目前家里还没有电脑。

托尼和特瑞莎把这些情况，还有其他的方面都列在一张纸上。通过分析，他们发现好像托尼扛起了大部分的家庭重担。现在需要的是特瑞莎出去工作，为家庭作些贡献。

特瑞莎听说她的一个朋友最近加入了网络营销。在这一行里，产品通过个人销售。销售者的利润来源不仅包括自己销售的产品，还包括他介绍进入销售体系的人所销售的产品。有时对于销售体系顶端的人来说这些后来加入的销售者所带来的利润是非常大的。就在她犹豫是否人人都适合做网络营销的时候，她的朋友说自己开了一家 C 型股份有限公司，这样便可以拿到一般家庭被税前扣除①的

---

① pre-tax deduction，税前扣除是指扣除企业总收入中所包含的成本和各项费用，只就利润或利润与部分费用之和纳税。

那笔钱以增加家庭收入。

特瑞莎举止得体，乐观自信，认为自己完全可以在网络营销业做出成绩。而且她格外倾心于那个利用公司税法补贴家用的主意。

在专业人员的帮助下，特瑞莎为自己的网络营销工作设立了T&T公司。她对几家网络营销公司进行了仔细调查，摸清了令公司良好发展并赚钱的门路。没过多久特瑞莎的公司就开始赢利了。并且非常重要的是，她开始为家庭带来以下收入：

办公室租金

特瑞莎把家里一间闲置的卧室拿来做办公室。她了解到在镇上租一间140平方英尺①（她的卧室的面积）的房间，每平方英尺月租金为1.75美元，总共245美元。T&T公司需要支付给特瑞莎和托尼这笔钱作为办公室的使用费。他们俩可以用这笔租金收入在物业税、按揭利息、保险及其他公用费用中抵扣相应金额。

创业费用

印制名片、创办公司、加入网络营销企业及其他各种费用都是T&T公司可以并且已经进行抵扣的项目。

餐费

特瑞莎、托尼和孩子们的餐费可以由T&T公司负担，前提是餐费是因公需要产生的。这也很简单：他们只需要走进那间空闲的卧室便可享受一顿免税的工作餐。

值得注意的是，谨慎必不可少。记住那句老话：树大招风。你不能把每顿饭都放在那间空闲卧室里吃，然后指望把整年的餐费都

---

① 1平方英尺为0.093平方米。

抵扣掉。一定要谨慎，另外也别忘了出差时的餐费只能得到 50% 的抵扣。

电脑费用

特瑞莎的工作需要一台电脑。她听说每年她可以抵扣 24000 美元（按照目前的法律）用于采购设备及公司资产。24000 美元以上的采购则需要分解到 5 年的时间里（即分 5 年抵扣）。特瑞莎拿出 1500 美元买了一台新电脑和一台打印机，并把全部金额都从中进行了抵扣。特瑞莎和托尼的税率等级是 28%，如果她以私人名义购买电脑，则需要动用他们以 28% 的税率纳税以后的收入。实际上那样做会让她多花 420 美元购买这套电脑设备。

家里早就需要一台电脑了。虽然电脑的主要用途应该是 T&T 公司的公务处理，但孩子们偶尔用它上上网，打打游戏也是可以忽略不计的，也就是说这些小方面不会导致 T&T 公司向特瑞莎收取私人使用费。而且特瑞莎现在能用税前收入来使她的电脑不断升级。

电话费用

美国国税局（IRS）规定，家庭的主要电话不得作为公司抵扣的项目。但这也不是什么难事。特瑞莎只需要让公司在自己的名下再安装一部电话。当这条电话线用于上网或者收发传真的时候再用第二部电话。公司的电话费用完全是可以抵扣的项目。

员工费用

特瑞莎的网络营销开始有所成就，T&T 公司也开始赢利，现在到了特瑞莎给员工发工资的时候了。这时特瑞莎需要计算工资税并向美国国税局（IRS）缴存法定税金。

这也不费劲。对于不超过 72600 美元的工资（按照目前的法律），雇员和公司共同承担用于社会保障和医疗保障的15.3%的税金。对于72600美元以上的工资（同样按照目前的法律），雇员和公司共同承担2.9%的医疗税。你的会计师可以很容易地帮你计算出这些数字。但是如果特瑞莎没有利用公司形式而是进行个体经营，她就需要独自承担15.3%的税金，而无法将其中一半放在公司名下进行抵扣。

由于特瑞莎是一名员工，她甚至还可以得到更多的福利。

汽车补贴

那辆道奇影子都快跑不动了，到了该换一辆车的时候了。特瑞莎可以选择自己买或者租一辆车，然后向T&T公司收取使用费，也可以选择让T&T公司买或者租这辆车。影响特瑞莎决定的主要因素有：那辆道奇影子可以以旧换新；T&T公司成立不久，不太可能筹措到那么多钱。

特瑞莎将她的道奇影子作为旧物贴换了出去，购得一辆期满退租、有3年车龄的福特风之星小型载货车。这辆车非常适合她运送网络营销产品，而且对孩子们来说也更安全，更宽敞。她和托尼制定了一项计划——打算用5年的时间买下这辆车。特瑞莎估计，每个月汽车将行驶1000英里，T&T公司每月付给自己345美元的汽车补贴（1000英里×34.5美分/英里的税务局汽车补贴）。汽车的油费、保养费和保险由特瑞莎负担。但345美元已经足够支付这些费用和汽车每月的还款了。她不需要把T&T公司付给她的汽车补贴金额写在自己的所得税申报表上，只需负责对行驶里程进行记录并定期向公司汇报。

绩效奖

公司每年可以发放最高400美元的非量化绩效奖，或根据具体的量化考核发放最高 1600 美元的量化绩效奖。量化考核需要有书面的考核方法，因此并不利于收入最高的那些雇员们，但非量化考核却不需要具体的考核方法。于是特瑞莎自封为 T&T 公司最佳员工，给自己发了 400 美元的奖金。公司虽然只有她这一名员工，但这并不重要。这是她得到的一份免税的礼物，也是公司的一个抵扣项目。

差旅费用

特瑞莎的网络营销团队把美妙的年会安排在了那些她向往已久的地方。公司可以为特瑞莎抵扣差旅费、住宿费、交通费和一半的餐费。托尼只能自己支付差旅费和餐费，但其他费用可以由公司负担。有一年的会议在巴黎举行，托尼和特瑞莎在那之前还没去过欧洲。特瑞莎的会计师告诉她，税法上对于抵扣出国旅行费用有特别规定，但只要是因公出差、时间在一个星期之内（去除在路上的时间），而且特瑞莎处理公务的时间在 75% 以上，她就可以抵扣出国旅行的费用。巴黎之行的费用抵扣对他们来说真可谓难以忘怀。

健康保险

公司负担特瑞莎和她两个孩子的健康险、牙科险和眼科险。这样托尼就不必掏工资支付子女的健康险，从而为家庭节省了每月 175 美元的开支。T&T 公司的健康险计划中还包含伤残险，以防特瑞莎发生意外。

团体定期寿险

T&T 公司为每一位员工（特瑞莎）提供价值 50000 美元的定期寿险。这对特瑞莎来说是一笔不小的福利，而且还是公司的抵扣项目。

子女照管

T&T 公司可以为每位员工支付最高 5000 美元的子女照管服务费（如果你已经结婚且夫妻双方单独申请的话则为 2500 美元）。这项抵扣只对子女在 13 岁以下的员工有效（如果你的孩子在 13 岁以上则可以使用凯夫特瑞福利计划，下文将详述）。这项 5000 美元的抵扣对特瑞莎而言非常重要，因为现在有了工作，她需要找人在放学后照看孩子并用这笔钱支付其费用。

自助餐式福利计划

为了最大限度地利用照管孩子的费用和定期寿险所带来的抵扣，特瑞莎开始打算设立一份自助餐式福利计划。这种福利方案允许员工选择领取现金或享受审核批准的福利；员工的薪水在缴纳工资税前将被扣除一个定额，用于日后的自助餐式福利计划，可以用于白天照管孩子，即使孩子超过 13 岁也可以；也可以用于增加定期寿险及医疗保险或用于医疗费用。就像自助餐一样，你想要什么就可以选择什么。

还有一点让特瑞莎很高兴，作为 T&T 公司的雇主和所有人，进入自助餐式福利计划的钱不需缴纳工资税。T&T 公司和特瑞莎个人都不用承担 15.3% 的工资税的一半就可以享受到自助餐式计划的大量福利。

教育费用 / 会费 / 订阅费

特瑞莎一直希望完成大学课程取得学位。她只剩下 10 个学分了。既然 T&T 公司可以抵扣白天照管孩子的费用，她就有时间继续本地大学的课程了。这样做的妙处在于，由于特瑞莎的学习可以增强她从事商业活动的技巧，因此上大学的费用，包括学费和书费都可以作为 T&T 公司抵扣的项目。今后她雇用自己的孩子时，可以在

T&T 公司里设立助学计划并且每年为他们的教育支付最高 5000 美元的费用。

特瑞莎还加入了一个商业女性组织。她觉得同其他企业家接触交流对自己非常有益。只要这家组织的主要目的不是简单地为来客举办娱乐活动（像个乡村俱乐部那样），那么会费及相关费用就可以作抵扣。因为这家组织定期举办专业研讨会和讲习班，特瑞莎把会费抵扣掉完全在情理之中。

特瑞莎还很喜欢看杂志，如《公司与企业家》。T&T 公司也可以把这些订阅费抵扣掉。

退休金计划

特瑞莎了解到有两种退休金计划可供自己选择。这两种退休金计划同样也可以从 S 型股份有限公司、有限责任公司和独资公司中获得，但独资公司有一个巨大的弊端，在退休金方面它是一种糟糕的公司类型，因为：

1. 所有为退休金交的钱都必须缴纳自雇税；
2. 不受《雇员退休收入保障法案》(ERISA) 的保护，因此独资公司的退休金计划得不到任何资产保护。

养老金固定缴款计划允许每年为退休拨付 15% 的资金，最高额可达 35000 美元（今后可能会提高）。这也是公司的可抵扣项目，对特瑞莎是一种福利。

养老金固定收益计划允许公司根据员工工资额使拨付资金超过 140000 美元。有一点很重要，即养老金固定收益计划是按年缴费的计划，公司不论效益好坏都必须存入定额的资金，以便在未来享受固定收益。因为这是一家新公司，所以特瑞莎并不喜欢这个条件。

养老金固定缴款计划则更加灵活，公司可以根据本年度效益好坏来决定存入金额。特瑞莎选择建立灵活的 401（K）计划。如果公司效益不错，她拿到 10 万美元的薪水，就可以让 T&T 公司为她的退休金拨付 1.5 万美元。

同样，如果她的养老金固定缴款计划或养老金固定收益计划获得通过（意思是在 ERISA 的规定下得到国税局的批准），她就得到了巨大的资产保护。债权人碰不到 ERISA 的钱——她的退休金是安全的。

低税率

C 型股份有限公司的一大优势是其较低的税率，公司的前 50000 美元利润只需按照 15% 的税率缴税。假设特瑞莎的个人税率是 28%，我们可以看看它和 S 型股份有限公司有什么区别。

	T&T 公司，C 型股份有限公司	T&T 公司，S 型股份有限公司
公司利润	50000 美元	50000 美元
公司税额	7500 美元	—
个人税额	—	14000 美元
税后利润	42500 美元	36000 美元
差额	6500 美元	

在 S 型股份有限公司里，通过将 50000 美元利润从公司（或有限责任公司）转移到股东的名下，特瑞莎需要缴纳 14000 美元的税款，还剩下 36000 美元利润。她可以自己保留这部分钱，或者像大多数情况那样，让公司用这笔钱进一步发展或扩大规模。

C 型股份有限公司的税率要低得多。在这个故事里使用 C 型股份有限公司要比使用 S 型股份有限公司少缴纳 6500 美元的税款。如果特瑞莎计划把钱留在公司用于进一步发展或其他的需要，那么使用 C 型股份有限公司要划算很多。另一方面，如果公司已经非常成熟，利润也比较稳定，特瑞莎希望把钱转移到自己的账户上，那么 S 型股份有限公司就更合适。还是那句话，特瑞莎（或你）要根据具体情况和条件来寻找正确答案。

结语

T&T 公司给特瑞莎和托尼带来的好处让他们很满意。两人利用税法获得了更高的退休金和教育存款，改善了自己的生活，而且这部分钱不需要从托尼的薪水里扣除。

富爸爸小提示

● 要想最大限度地利用 C 型股份有限公司和它提供的有效抵扣，你应该考虑让一名优秀的会计师加入你的团队。

● 你可以考虑到美国国税局网站上下载 334 号期刊——《小企业纳税指南》，了解更多可利用的抵扣信息。

编者按

C 型公司是股份有限公司的标准型。这是第一个具体地被设计为有限责任的公司类型。股份有限公司是一个独立的和清楚的合法实体。公司可以开设银行账户，拥有资产和做生意，所有权都在公司名下。公司的主要好处是，它的股东不必对公司的债务和义务负个人责任。

它的优势已经为我们所知，当然更重要的就是能为我们所用，让我们的读者进军市场的时候可以挥洒自如，充分利用它的优势来为自己创业提供方便。我们可以把公司看作一个拟制人，也就是说我们可以称呼它为一个人。它不像我们一样有血有肉，但它可以有自己的行为，并能为自己的行为承担责任。这样我们就更容易理解为什么投资者们可以承担有限责任，为什么公司能以它全部的资产来承担责任。

本章具体阐述了 C 型公司的应用，也就是如何通过它的税收和福利政策来实现投资者，特别是一些小投资者的利益最大化，这对刚刚进入市场，资金并不充裕的投资者来说具有很现实的意义。

第3章
如何稳妥地使用S型股份有限公司

如果你在选择公司类型时去咨询你的会计师或律师,他们会斩钉截铁地告诉你:

S型股份有限公司

你还有点不放心,又去问你开公司的朋友或者其他了解企业类型的人,他们的回答同样肯定:

S型股份有限公司

那还有什么理由不去成立一家S型股份有限公司呢?好吧,你完全可以。对于很多生意,这是正确的选择。但你需要了解他的规则及它和C型股份有限公司在操作上的区别。

案例7　博恩汉姆火腿公司

珍娜、伊丽莎白和伯尼准备从事烤火腿的生意。他们做了充分的准备,知道每个人的定位并且自信生意可以成功。伊丽莎白把创业计划好好研究了一番,她生性谨慎,知道他们必须成立一家股份公司来保护自己。珍娜更关心资金流向。她认为，如果他们成立一家公司那一定得是S型股份有限公司。她可不想为赚得的利润交两次税，也不想为工资以外的利润缴纳自雇税。伯尼是个乐天派，他只想埋头做生意、卖掉他美味的烤火腿然后多多挣钱。他把具体事务都丢给了珍娜和伊丽莎白。

公司组建后他们从国税局取得了自己的雇主识别号码（EIN——即纳税人识别号）。他们凭这个号码在公司成立后45天内填写并提交了2553表格，申请成为S型股份有限公司。他们给自己每人发放了10万股的股票，因此3个人的所有权相同，各拥有博恩汉姆火腿公司1/3的股份。

他们的生意一鸣惊人，第一年就大获成功。伯尼烤出来的火腿美味可口。3个人各领取了4万美元的年薪。他们需要为这些薪水缴纳自雇税。到了年底，公司赢利12万美元，于是每个人得到了4万美元的分红。

由于这是一家S型股份有限公司，因此12万美元的利润不必像C型股份有限公司那样为分红缴税，而是直接从公司转移到了个人纳税申报表上。S型股份有限公司与有限责任公司不同，有限责任公司需要对转移的利润缴纳自雇税，但在S型股份有限公司下，他们不用为得到的分红缴纳社会保险税和医疗税。

S型股份有限公司对他们来说简直妙不可言。工资正常缴税，而利润享受课税转移。伯尼很开心，他总是那么开心，珍娜很高兴能拿到属于自己的那笔钱，一直谨小慎微的伊丽莎白也很满意。

在纳税方面，S型股份有限公司干得不错，但如果你不小心触犯了某些规则——砰——你的纳税优惠一下子就结束了。

博恩汉姆火腿公司发展迅速。伯尼谈下了一个利润可观的大项目，可以让产品在整个加拿大地区销售。要做成这个项目，公司必须分给一位多伦多的分销商巴兹尔·李5%的股份。伯尼赞成这个协议，一向谨慎的伊丽莎白也意外地表示同意。但珍娜不想让巴兹尔进入公司，她既不喜欢也不信任他。但这是公司的一个大买卖。最后他们达成了折中方案，公司发行两种股票——一种是有表决权的普通股，股东有权选举董事会；第二种是无表决权的优先股，股东不能选举任何董事，在公司管理上没有任何发言权。她们给了巴兹尔占总额定股数（普通股与优先股总和）5%的优先股，但正如珍娜所希望的，巴兹尔对公司没有控制权。

伊丽莎白有一个问题，她不想以自己的名义持有公司股票。天知道什么时候会冒出一群无耻的债权人、烦人的诉讼人——反正到处都是可疑的人，她不喜欢这样。她知道自己的想法不是没有道理的，因此希望由不可撤销浪费信托持有公司股票，这样即使有人提出追索她也不怕了。她设立了用于持有股票的不可撤销信托并把股票从自己名下转移到了信托名下。

不久之后公司收到了一份来自国税局的通知。他们的 S 型股份有限公司资格被终止了。

这是怎么回事？

因为博恩汉姆火腿公司具有以下几个特征：

1. 有非美国国籍的股东（加拿大人巴兹尔）；
2. 发行一种以上的股票(给巴兹尔的优先股和其他人的普通股)；
3. 股东为信托（伊丽莎白的信托）。

这 3 项中的任何一项都足以使 S 型股份有限公司宣告终止。珍娜、伊丽莎白和伯尼在 S 型股份有限公司的问题上吃了个大教训。当一切都顺顺利利的时候，某个意外的交易（例如某股东一不留神把股票卖给了一个外国人），就能让你失去现在的纳税优惠。这种情况下你的公司就会变成 C 型股份有限公司，而且 5 年内不得申请变回 S 型股份有限公司。

幸运的是，他们发现博恩汉姆火腿公司成为 C 型股份有限公司反而更好。巴兹尔的项目让公司赚了个盆盈钵满。如果他不成为股东也许就不会有这个结果了。而且公司赚的钱更多了，也需要为将来更大的发展作一些积累。如果使用 S 型股份有限公司就比较麻烦了，因为公司需要对利润进行分配和转移，股东还要为这份收入缴税。C 型股份有限公司较低的税率可以让公司获得更多的利润，更有利于发展。而且在 S 型股份有限公司之下，如果股东拥有公司股份 2% 以上，股东的额外福利就必须并入其收入。公司已经为珍娜、伊丽莎白和伯尼制订了一套完整又丰厚的福利方案，现在又加上了巴兹尔。在 S 型股份有限公司里他们需要为这些福利缴税，但如果是 C 型股份有限公司，这些都可以被抵扣掉。

很幸运，S 型股份有限公司纳税优惠的终止并没有给博恩汉姆火腿公司带来损害。

如上所述，在某些情况下，S 型股份有限公司是正确的选择。但你要加倍小心，不要因为粗心大意或没有透彻理解规则而丢掉自己的纳税优惠。下面是对 S 型股份有限公司更详细专业的阐述。

成为 S 型股份有限公司的条件

- 公司必须组建在美国的某个州，不能组建在美国境外。
- 公司必须是适格法人。
- 股东人数不得超过 75 人。
- 个人出资、遗产出资、破产后的个人财产出资，以及特定的信托出资，可以取得股权、成为股东。公司和大多数类型的信托不得成为股东。
- 股东不可为非美国居民的外侨。只有美国公民能够成为股东。

- 公司只能发行一种股票,但允许发行多数表决权股股票[①]。

公司形式

S 型股份有限公司最大的优势在于它可以套用公司的运作模式,却不需要缴纳公司必须缴纳的所得税。S 型股份有限公司可以进行课税转移;它还将亏损及其他抵扣控制在股东的股权范围内。

S 型股份有限公司最大的劣势是它过于复杂。错综复杂的法规条款就像一个个陷阱,一不小心就会掉进去。相比其他类型的公司,S 型股份有限公司在所有权和股票种类上的限制更让人不胜其烦。例如,股东的贷款行为可以使公司产生第二种股票,从而导致 S 型股份有限公司的终结。

内在收益税

转变为 S 型股份有限公司后必须缴纳内在收益税。当公司已经转变为 S 型股份有限公司并要出售作为 C 型股份有限公司时所拥有的资产时,公司需按照最高税率对未实现收益(面值与市值的差额)缴税。这种收益必须在公司层面上进行缴税,且股东还要为同样的收益额(减去公司缴纳的税金)缴税。内在收益税在公司选择成为 S 型股份有限公司后的 10 年内有效。

经营纯损额

如果某 C 型股份有限公司有大量亏损结转[②]并有望开始赢利,

---

① 多数表决权股股票,即每张股票享有若干表决权的股票,也称多权股票。这种股票一般是股份有限公司向特定的股东,如公司的董事会或监事会成员发行的,其目的在于保证某些股东对公司的控制权,以限制公司外部的股东对公司的控制。

② 亏损结转是指缴纳所得税的纳税人在某一纳税年度发生经营亏损,准予在其他纳税年度赢利中抵补的一种税收优惠。

那么在亏损结转完成之前，它就不应选择转换为S型股份有限公司。因为公司成为S型股份有限公司后，由C型股份有限公司产生的亏损结转既不能由公司抵扣也不能由股东抵扣。有一个小例外，就是亏损可以在内在收益中得到抵扣。

亏损无法从C型股份有限公司转移至股东。而S型股份有限公司正相反，它的亏损可以从公司流向股东。但亏损的金额不能超过股东在公司股票和债券中调整后的纳税基准（投资额）。超过税基的亏损将结转至股东的待定收益。

联邦税

C型股份有限公司作为单独的实体纳税。C型股份有限公司的一个缺点是它的收入会被重复征税——在公司收益层面被征一次税，利润作为股息分给股东时又会被征一次税。如果公司将大部分甚至全部利润转化为可抵扣的薪水（薪水额度必须合理）或合理的房租（如果你自己拥有这项房产），那么这种重复征税的影响可以降到最低。

因为S型股份有限公司可以进行课税转移，所以每一位所有人都将按照自己的所有权份额取得一部分公司收入并承担纳税义务。这些收入项目将列在所有人的个人纳税申报表上。当S型股份有限公司进行财产分配时，作为接受人的所有人一般只在财产价值超过其所持股票的基本金时才被认定为赢利。

州税

对C型股份有限公司来说，在一般情况下可以预期州所得税法中有和联邦法相对应的条款。然而某些州的所得税法却可能对S型股份有限公司的运营产生影响。有5个州的所得税法中没有S型股份有限公司可以适用的税法。这些法律条款的缺失可能导致消极的纳税结果（例如，对分配给股东的财产收益征两次州税）；股东将会在赚得收入的州和自己居住的州各交一次税。

> **富爸爸小提示**
>
> ● 哥伦比亚特区、密歇根州、新罕布什尔州、纽约市和田纳西州的居民创建并运营 S 型股份有限公司时一定要小心。这几个地方的司法机关并不承认 S 型股份有限公司，因此 S 型股份有限公司的许多种效益并不能实现。

对于需要跨州做生意的 S 型股份有限公司来说，其股东的个人纳税申报表会由于州税法规的不同而变得非常复杂。所以说，如果 S 型股份有限公司股东所居住的州要征收个人所得税，那么从位于另一州的公司转移至股东的收入也需要缴税。

薪水

S 型股份有限公司和 C 型股份有限公司向股东支付的薪水都可以在公司内得到抵扣，也都需要缴纳联邦社会保险税、医疗税和其他与工资相关的税款。但是 S 型股份有限公司股东利润分配所得却不需缴纳联邦社会保险税和医疗税。因此，也许在 C 型股份有限公司下你得尽量调高自己的工资，但在 S 型股份有限公司下，你得尽量让更多的利润直接分配给股东。

另外请注意：不管 S 型股份有限公司实际上是否进行过利润分配，国税局都会默认其收入已经转移至股东。（你有可能得到虚幻收入，虽然利润分配给你了，你却没有拿到钱来付税金。）

额外福利

前面已经说过，C 型股份有限公司不仅税率低，而且还可以提供大量的额外福利。这些福利包括寿险（有限制）、健康保险、某些死亡福利和特定条件下的餐费和住宿费。C型股份有限公司为退休金计划交的钱也可以被抵扣掉且当时不需对其缴税。C型股份有限公司还可以设立自助餐式福利计划，让员工挑选额外福利。这要比S型股份有限公司所能提供的灵活得多。

总的来说，S型股份有限公司可以把提供福利的费用抵扣掉，但如果S型股份有限公司的股东拥有公司股份的2%以上，那么这种福利就必须并入收入。因此不管对公司还是对股东来说，并没有什么实在的税收优惠。

股票的卖出或交易

C型股份有限公司的股东可以在《国内税收法典》第1202节的规定下申请将股票出售或将交易所得的一半从计税额中扣除。第1202节只适用于1993年《税收调和法案》实施生效之后发行的股票。因此，符合要求的纳税人为他们的大额收入实际只需支付10%的税，而不是20%。但是，S型股份有限公司的股东不能申请这种扣除。

消极活动亏损

根据《国内税收法典》第469节，在S型股份有限公司下，股东的消极活动[①]亏损在进行抵扣时存在某些限制。S型股份有限公司的股东一般只能在消极活动收入中抵扣消极活动损失。与此相反，封闭[②]的C型股份有限公司则可以使用消极活动的损失来抵消其他收入（除了投资组合收入）。因此，如果一家公司既有消极活动亏损也

---

① 消极活动是指本人并没有实际参与但可从中获得潜在收益的活动。

② 封闭公司（close corporation）又叫封闭持股公司，具有股东人数少，股份转让有严格限制等特点。

有积极活动收入，那么选择C型股份有限公司比选择S型股份有限公司更实惠。

纳税年度

刚刚成立的S型股份有限公司一般必须使用日历年度[①]或其他国税局认可的年历制来作为纳税年度。如果S型股份有限公司的股东使用日历年作为纳税年，那么公司也需使用日历年。国税局一般允许一个新的S型股份有限公司选择以9月、10月或11月为年末的纳税年度。如果股东使用的是日历年度，那他们可以取得纳税递延，但国税局要求交付无息保证金来抵消这项收益。相比之下，C型股份有限公司则可以将年末设在一年中的任何一个月。

S型股份有限公司的终止

当S型股份有限公司终止并转换为C型股份有限公司时，不会带来任何赢利或亏损。但在纳税方面有一点非常大的影响，就是除非得到国税局的许可，公司5年内不能再转换为S型股份有限公司。

如果S型股份有限公司终止时没有将所有收入分配给股东，则必须在有限的时间内完成这项分配，且此时的分配不视为股息，而视为公司以S型股份有限公司运营时所得收入，如果股东有较高的纳税基准就不必对此收入缴税。

如果S型股份有限公司终止时，股东因为所持股票低于基准而无法抵扣公司亏损，那么还有一条相似的规定，即股东只要在S型股份有限公司终止后的一个特定时间内取得足够高的纳税基准，他也可以将亏损额抵扣掉。此外，如果在此期间股东取得足够高的风

[①] 日历年度是指财政年度的起止日期与年历始末相同，即每年的1月1日至12月31日。

险资产额，他也可以将原本在风险规定下不许抵扣的亏损抵扣掉。关于这些规定及其后果，你一定要咨询纳税方面的专业人士。

下边是一份对 C 型股份有限公司和 S 型股份有限公司进行比较的图表。一旦理解了这些信息，再加上专业顾问的协助，选择最适合的公司类型来完成你的特定目标就不是难事。

C 型股份有限公司 vs. S 型股份有限公司

	C 型股份有限公司	S 型股份有限公司
单独的纳税实体	是	否
缴纳所得税	公司需缴纳营业所得税，股东的股息收入需缴纳个人所得税	股东根据个人税率直接缴税。如有内在收益，S 型股份有限公司需对其缴税
利润与亏损的分配	在只有一种股票的情况下根据股票数量分配	根据股票数量分配
在所有人纳税申报表上将亏损抵扣	不可以，只能在公司收入中抵扣	可以。股东可进行抵扣，范围限于股东的股票基准（投资额）与股东对公司的贷款额
额外福利	雇员股东自由获取享受税收优惠的额外福利	如股东拥有 S 型股份有限公司 2% 以上的股份，通常不能享受免税福利。福利费用可在计税收入中抵扣，但对于持有 2% 以上股份的股东，购买福利的金额将被记入股东收入
清算	通常由公司或股东确认收益或亏损	由公司确认收益或亏损，由股东对其缴税
收入或亏损的转移	不适用	收入与亏损由公司转移

续表

	C型股份有限公司	S型股份有限公司
所有人上限	无限制	股东人数不得超过75
信托是否可以成为所有人	可以	不可以。股东只可为个人、遗产、破产后的个人财产和特定的信托
公司是否可以成为所有人	可以	不可以。股东只可为个人、遗产、破产后的个人财产和特定的信托
非美国居民的外侨是否可以成为所有人	可以	不可以。股东只可为个人、遗产、破产后的个人财产和特定的信托
所有权基本单位	股票	股票
有限责任	是	是
权益的转	可自由转让，股东协议中并无限制	可自由转让，股东协议中并无限制。但如果权益受让方不具有S型股份有限公司股东资格，则S型股份有限公司地位终止
工资税	公司与员工对工资缴纳联邦社会保险税和医疗	公司与员工对工资缴纳联邦社会保险税和医疗税。分配的收入不需缴纳联邦社会保险税和医疗税

编者按

  S型公司就公司本质而言，其实同C型公司没有任何区别。本书之所以将它单独介绍给读者，是因为它能够以一种更为优惠的纳税方式带给投资者们实惠。

S型公司同其他公司一样承担有限责任，能为投资者带来公司屏障保护，并且它的所有赢利都根据股东拥有股票占全部股票的百分比分配到股东的私人税务上，也就是说公司无须为其利润再缴税。这给公司和股东们节省了一大笔钱，是一笔可观的收益。

　　当然我们要注意的是，正如文中提及的，不要突破公司法对S型公司的一些形式限制，如股东人数的上限、股东资格的限制、股票类型的单一性等。同样还要注意的是，在美国的个别州，S型公司是不被承认的，也就是说在该州内没有享有这样税收优惠的公司存在。

　　这里还要单独提到关于S型公司子公司的问题。1997年以前，S型公司不允许拥有其他类型企业的股票，或者只允许拥有某种百分比。可是自从1997年，S型公司可以拥有其他C型公司100%的股份。不但如此，S型公司还可以拥有其他类型的S型公司。不过，IRS对某种行业还是有所限制，有些类型的公司，比方说银行，是不允许成立S型公司的。

第4章
充分利用不同地方的优惠条件
并享受复合公司的好处

竖起耳朵,你会听到业内人士在谈论内华达州的公司时总是倍加推崇,甚至赞不绝口。他们描述内华达州的公司是怎么帮他们省下税金、保护隐私和最大限度保护资产的。他们会描述一个内华达州的公司是如何灵活满足他们的需要并在外部世界面前保护自己的。

一个内华达州的公司真的能做到这一切么?

是的——而且还不止这些。

为了让你更好地理解,对内华达州有一点基本的知识是非常重要的。近年来,内华达州成了发展最快的州,其治下的拉斯维加斯的发展速度也是首屈一指。内华达州正在将经济基础从单纯依赖传统的博彩业、矿业和畜牧业转变为多样化经济。在雷诺地区,由于当地的优质生活与税收优惠,已有微软(Microsoft)、思科(Cis-co)、直觉(Intuit)等公司的分公司以及其他小型高科技企业在此安家。一家名为"高科联盟"的组织(www.newnevada.com)正源源不断地把高科技公司吸引到本地来。

但原来可不是这样的。

1859年,金矿和银矿首次在内华达州的弗吉尼亚城被发现,从此直到20世纪30年代,内华达州一直受到加州利益集团的操纵。

内华达州无可估量的矿藏财富没有留在本州，也没有促进那里的发展。这些财富全部被贡献给了旧金山和加州等其他地区支持那里的发展。60年间，加州利益集团让加州人担任内华达的州长、参议员和众议员（有些甚至在内华达州就职时还是加州居民）。加州的矿业、铁路及其他利益集团看待内华达州的眼光就像英国看待印度一样——供以攫取财富的殖民地。

内华达州的人对此很不满。直到今天，内华达州的居民还普遍存在一种对外来利益集团干预的厌恶情绪——不管是来自加州的还是联邦政府的（联邦政府拥有内华达州80%以上的土地，这也是引发内华达州居民不满的矛盾之一）。这种情绪在部分内华达州法律中得到了体现。150年前，独特的内华达州公司法诞生了。重要的是你可以利用这部法律。

关于内华达州公司法，你需要知道的第一件事是内华达州保护个人隐私。内华达州是美国唯一一个不与国税局共享公司股东信息的州。为什么呢？因为内华达州根本不收集这种信息。当加州税务局——一所比国税局还要可怕1000倍、可恶1000倍的机构——要求内华达州的银行提供某些内华达州公司的银行记录时，除非它能出示一份内华达州法院的强制令，否则银行会拒绝这种请求。他们对存款人负责，而不是加州税务机关。

如果你不想作为内华达州公司的管理人或董事出现在公开记录中，你可以选择隐藏自己的名字，任命一个人担任董事和任何管理人职位，以此达到保护隐私的目的。我们公司就可以提供这项服务，费用是每年650美元；其他公司的收费也许多少有些差别。但重要的是，在这个讯息无限发达的互联网时代，你的名字不会在公开记录中出现。

内华达州的公司还有什么其他优势呢？

免税

内华达州不对公司和个人收入征收州税,也没有公司股份税及特许税。在内华达州成立的公司每年可以省下几百到几百万美元。

公司灵活性

董事、管理人和股东无需在内华达州居住或举行会议。外国人可以在美国以外的地方拥有并经营内华达州的公司。电话会议可以在美国——甚至世界任何一个角落进行。所有的董事和管理人可以由一个人担任。董事和/或管理人不一定必须持有股份。董事可以创立或更改公司内部章程。内华达州公司法的这些特点使公司更加灵活,经营更加方便。

独特的公司结构

按照内华达州公司法,公司可以在公司规要和内部章程中规定公司需要发行的多种股票和债券、证券,以及表决权限制、权利与优先权等。你可以根据自己的债券和股份持有情况做出非常灵活的安排。

资本优势

成立公司不需最低资本。不仅资本可以入股,个人的服务、房产(包括租赁与期权),以及个人资产均可入股。内华达州的公司可以对自己的股票进行买卖、持有或转让。内华达州公司法中关于证券的规定对筹集资本非常有利。

提交文件最少

内华达州州务卿办公室要求每年提交的唯一文件,是记录管理人和股东姓名及地址的表单,再加上仅仅85美元的年费(第一年的申请费是 340 美元），以及每个季度为每个雇员缴纳的 25 美元州营业税。如果你在内华达州没有雇员，则该税项每年只有 25 美元。除此之外，内华达州不要求公司提交任何其他文件，也没有任何其他费用。

公司维护费用低

内华达州的公司每年所需的维护费用非常低。我们公司常年提供的代理服务只需 125 美元，此外还有一项费用，最低 150 美元（或更高，取决于所耗费时间），用于准备股东及董事年会记录。这些服务的主要作用在于维持公司形式，避免公司面纱被揭开从而使责任落在个人身上。只需要花很少一点钱你就可以得到一份恰当而及时的公司记录，让自己安全、省心。

完全隐私保护

上面说过，内华达州是美国唯一一个没有与国税局签署"信息共享协议"的辖区。就连特拉华州也无法提供如此有力的隐私保护。此外，在内华达州，股东不在公开记录的范围之内，公司可以发行无记名股票——这些规定最大限度地保证了匿名性与隐私性。而且，如上所述，公司可以使用名义管理人和名义股东保护隐私。

特拉华州怎么样呢

你可能经常会听到人们说，最适于成立公司的地方是特拉华州。如果你是《财富》杂志上的世界 500 强公司之一，那么他们说得没错。在大型公司的重组、收购和代理权争夺等项目方面，特拉华州拥有健全的公司法和专门的法院，能够进行快速处理。但如果你的年营业额达不到几十亿美元，那么这些优势与内华达州比起来就不那么明显了。

我们来看一下两州的不同之处吧……

● 特拉华州对在本州赚取的公司利润征收 8.7% 的所得税；内华达州则完全免税。如果你预计公司会赢利，那么位于特拉华州的公司将会产生很高的费用，而内华达州却不会让你花一分钱。

● 特拉华州同国税局签有"信息共享协议"。内华达州是美国唯一一个没有签署此项协议的州。在内华达州成立公司，你遭遇国税局审计的可能性更小，因为国税局根本没有你的州税信息，也就不存在税收差额和/或纳税监控。

● 特拉华州征收特许税，内华达州则对此分文不取。该税种的数额并不高，但它要求大量的信息披露——例如股东会议的日期、公司在特拉华州以外的经营地点、公司发行的股票数量及其价值。这些隐私信息的披露对你的资产保护计划没什么好处。而内华达州对此毫无要求，你只需要提供现任管理人和董事的名单。在内华达州，股东并不在公开记录的范围之内，州政府也不会去问股东到底是谁。股票可以是不记名股票，这为股东提供了更多保护。

● 特拉华州不允许用未来的服务或无担保的本票[①]来作为股票发行的对价[②]。而内华达州允许。

● 内华达州不仅在隐私保护上胜于特拉华州，为公司管理人和董事提供的保护也更加全面。例如：如有股东或管理人因违反信托责任而导致针对他们的追索请求，内华达州的公司章程可以终止或限制他们需承担的个人责任。除非涉及股息支付不当，否则均可适

[①] 本票（promissory note）：指出票人签发的，承诺自己在见票时无条件支付确定的金额给收款人或持票人的票据。

[②] 对价（consideration）：指一方为换取另一方做某事的承诺，而向另一方支付的金钱代价或得到该种承诺的承诺。

用。而在特拉华州，出现股息支付不当的情况时，其法定诉讼时效更长。在特拉华州，董事补偿的权利由法庭决定，但在内华达州，这完全是公司的权利。

● 内华达州允许公司使用非常规的财政安排做补偿方案。补偿对象的范围包括任何服务于公司并有权让公司承担责任的人。公司的补偿方案不受主管机构的影响，可自由安排。这些财政安排包括使用信托基金形式的保险、自保、给予董事担保权益或对公司资产的扣押权来确保补偿实现。从资产保护的角度出发，公司管理人和董事出于补偿的目的将自己公司的扣押权完全掌握在自己手中几乎赋予了他们对公司财产的绝对控制权。在特拉华州与其他各州，这种自保的财政与法律方案一般都是无效的，但内华达州完全支持这种保护方案。实际上，在内华达州，除非出现欺诈的情况，否则董事会对于财政安排的决定就是最终且不可更改的。特拉华州与其他各州则不是这样。所以，内华达州才是最好的州。

"好吧，我听你的，"你说，"但我怎样才能好好利用内华达州的公司呢？"

我们来看看下边几种方式。

策略一：在 X 州做生意

为了讨论方便，我们用"X 州"代表任何一个内华达州以外的州。不管你在加州拥有干洗生意还是在亚利桑那州开展咨询业务，只要你在那里做生意并且产生收益，你就需要在那里缴纳相应的税款。记住，避税是合法且可以接受的，你可不是在逃税。避税与逃税的区别是 20 年的牢狱之灾，所以你在 X 州赚来的钱需要缴纳州税。

如果你只在 X 州做生意，那么内华达州的公司有什么用呢？

首先，在内华达州成立公司可以利用内华达州在隐私保护与灵活性方面的优势。例如，假设有一家只在亚利桑那州开展业务的咨询公司。如果他们在内华达州成立公司，然后申请在亚利桑那州进行经营。那么他们需要带着内华达州的公司文件到亚利桑那州的州务卿办公室，交纳在亚利桑那州成立公司需要交纳的费用。这样他们就成为一家在亚利桑那州进行经营的内华达州公司。

这样产生的费用非常低。每年这个公司只需支付维护内华达州公司的费用——向内华达州州务卿办公室交纳 85 美元和内华达州的常驻代理服务费 125 美元。不管你是内华达州的公司还是亚利桑那州的公司，你都必须支付同样的费用。

所以你每年只需要付一点点的钱就可以享受内华达州公司的以下好处：

- 不必在国税局共享公司信息
- 对管理人与董事的更大保护
- 更加灵活的公司管理
- 更加灵活的资本筹集与公司结构
- 隐私保护

因为公司是在内华达州而不是 X 州成立的，因此受内华达州公司法的管辖。更理想的是，你还可以选择使用下面的第二种策略或者干脆把你的实体公司搬到内华达州，去享受那里优惠的税收政策、便利的经营或高品质生活福利。你在内华达州成立一家新公司，并把 X 州的公司合并到内华达州的新公司里，不会多花一分钱。从某种角度上看，这其实是让公司回到了大本营。

策略二：同时在 X 州和内华达州做生意

案例 8　肯和辛迪

肯和辛迪在 X 州做二手车的生意。这是一家名为"K&C 汽车公司"的 S 型股份有限公司。他们在当地电视台做了大量广告，每年的广告费超过 10 万美元。他们投入大笔资金、声嘶力竭又喊又叫、耍尽可笑的噱头，才能吸引人们过来买一辆二手车。

肯意识到如果他拥有自己的广告代理公司就可以省下那 15% 的广告代理佣金。辛迪想到如果他们在内华达州创立一家公司做广告代理，就可以将州税降到最低。他们咨询了会计师，这位思想开放的会计师也赞同这个每年节省几千美元税金的主意。

于是肯和辛迪成立了 K&C 广告公司，一家内华达州的公司。肯同以前一样继续用一台便携式摄像机拍摄滑稽的电视广告。但现在他们是通过 K&C 广告公司——而不是自己或当地的代理商——来投放广告。他们只花了一点钱便在内华达州成立了办事处。从广告投放到开具发票都通过内华达州的 K&C 广告公司进行，而且所有的银行和会计业务也都在内华达州进行。

他们的二手车生意在当地花费了 10 万美元做广告，其中的 1.5 万美元流入了他们的广告代理商——内华达州的 K&C 广告公司中。他们不想使用 S 型股份有限公司，因为那样的话所有的利润都会转移到 X 州并且要在个人所得税申报表上进行纳税。于是他们让 K&C 广告公司成为 C 型股份有限公司。他们每年只需支付一点点运营公司的费用，就可以把剩下的钱投入到让自己受益的退休计划中。年终也不需缴纳联邦税或个人税。现在他们已经开始在内华达这个免税州为自己的退休生活存钱了。肯和辛迪对他们的内华达州公司赞不绝口。

以什么名义来按你的计划转移资金呢？方法太多了：

- 研发
- 市场营销服务
- 咨询服务
- 销售代理
- 设备租赁
- 应收账款代理

上述方式可以让你合法地将收入从 X 州转移到内华达州。转移收入的好处是什么呢？

使你在 X 州的费用变成在内华达州的收入

如果有一个内华达州的公司为 X 州的公司提供合法服务，那么 X 州的公司就可以在收入中抵扣一部分费用，减少纳税金额。另一方面，如果内华达州的公司产生收益，它只需要在进行所有抵扣并留下利润后，向国税局缴税。（如果这是一家 C 型股份有限公司，前 5 万美元利润的税率只有 15%。）记住，在内华达没有州税。所以你只要把收入从需要纳税的州转移到不需纳税的州就能省钱了。

国税局怎么看待这种情况呢？他们并不认为这有什么不妥。不管你转移与否，他们都能拿到公司税。（但请弄清楚下面关于"被监管公司状态"的讨论。）

资产保护

用内华达州的公司来持有资产并把这些资产租赁给 X 州的公司可以保护公司的大额资产。假设 X 州公司的日常业务有可能引发诉讼，那么让内华达州的公司拥有所有优良资产并将这些资产租赁给X州的公司，这些资产的风险就全部被消除了。即便有人对X州的公司提起诉讼，他也得不到什么。所有有价值的资产都在内华达州的公司里。记住，将资产分离在不同的公司实体中进行风险规避是一种基本的商业策略。

较低的公司税

在"被监管公司"条款的规定下（请看下文），两家或两家以上公司所缴纳的联邦公司税可以减少。首先让我们看一下公司税的税率。

公司税的税率

所得税起征点	最高额	税率
0	50000	15%
50000	75000	25%
75000	100000	34%
100000	335000	39%
335000	10000000	34%

假设X州的公司每年利润为15万美元，那么联邦公司所得税就是41750美元。如果在X州的公司之外，你再创立两家内华达州的公司，通过利润转移使每一家内华达州公司都取得不到5万美元的收入，这样会出现什么情况呢？这样每家公司的税率将是15%，即7500美元。本来X州的公司需纳税41750美元，但现在3家公司总共只需纳税22500美元，省下了19250美元。

问题是，虽然你有各种花招可以对付国税局，但他们并不是傻瓜。他们可不会让你如此轻易地就逃掉那么多税款。魔高一尺，道高一丈，国税局的对策就是"被监管公司"。

什么是"被监管公司"

如果你被认定为"被监管公司",你就不能再这样利用两家或好几家公司来避税了。请注意,这方面的认定非常复杂,一定要让你的纳税顾问根据具体情况提供建议。

言归正传,我们来介绍一下规则。什么情况会被认定为"被监管公司":

1. 两个人各拥有两家公司50%以上的股份。(对肯和辛迪来说,各持K&C汽车公司和K&C广告公司一半的所有权将导致公司成为"被监管公司"。)

2. 当一家公司拥有另一家公司80%以上的股份时,则会成为"被监管母子公司"。

3. 当5人或少于5人(包括个人和信托)总共拥有超过两家公司各80%的股份时,则会成为"被监管兄弟公司"。

不被认定为"被监管公司"的条件是:

1. 夫妻二人中一方拥有一家公司100%的股份,另一方拥有第二家公司100%的股份。夫妻二人对各自公司资产和管理的控制是分离的。(所以如果肯拥有K&C汽车公司100%的所有权,辛迪拥有K&C广告公司100%的控制权,他们就没问题了。)

2. 你拥有第一家公司不多于50%的股份,你的孩子年满21岁且拥有剩下的股份。而且你还拥有第二家公司100%的股份。

3. 你拥有第一家公司不多于80%的股份,剩下的股份由一名无关人员持有。而且你还拥有第二家公司100%的股份。

应该注意的是,"被监管公司"涉及的是纳税额。如果你是出于资产保护的目的想拥有两家公司100%的所有权并且也愿意缴纳国税局征收的高额税款,那就没有任何问题了。那样的话,甚至国税局也会认可你的资产保护策略。

但还应注意到,如果两家或两家以上公司不是"被监管公司",你可以享受税额减少的好处。还是那句话,在你踏入这片雷区之前一定要咨询你的纳税顾问。

策略三:在X州做生意,向内华达州的公司借钱

案例9 约翰和丹尼斯

约翰和丹尼斯在当地繁华的购物中心拥有一家工艺品店。他们在X州成立了一家S型股份有限公司,取名纳赛特礼品公司。他们有时需要用自己的信用卡来购买一些库存货品。他们有钱借给公司却希望这些钱能有些保障。约翰认为最好对纳赛特进行最大程度的资产保护与分离,以此降低风险。

咨询了顾问之后,他们决定最好的选择是把两种需要(信用卡与资产保护)结合在一起。下面是他们的计划:

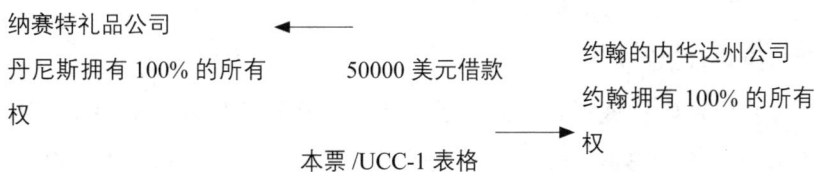

为了避免成为"被监管公司",丹尼斯拥有纳赛特公司100%的所有权与管理权,约翰拥有新成立的C型内华达州公司100%的所有权与管理权。

纳赛特公司从约翰的内华达州公司借了5万美元,并签订本

票，承诺日后连本带息还清欠款。本票的债权人在任何时候都可以要求债务人还款，所以如果约翰的内华达州公司有什么麻烦，他可以随时要求还款。他们还签订了一份担保协议，规定纳赛特公司所有的资产都是借款的抵押物。为了体现这种抵押，他们向 X 州和内华达州的州务卿办公室（如需要，也可以是任何郡的登记处）提交了 UCC-1 表格，详细列出了被担保的资产。

只要没有先在的 UCC-1 表格的备案，约翰的内华达州公司就对纳赛特公司的资产拥有优先追索权。如果资产没有做抵押，就有可能暴露在其他人的追索主张下。现在，即使有债权人提起诉讼且法院作出判决，他也只能等到纳赛特公司还清约翰的内华达州公司的债务之后才能讨债。这种优先权对所有的债权人都有效——当然，国税局除外。国税局在任何时候都排在讨债队伍的第一位。

这对约翰和丹尼斯来说是一个完美的方案。他们借钱给纳赛特公司却依然可以灵活掌握这些钱并且随时可以把钱要回来。他们将纳赛特公司所有的资产都进行了抵押，于是免除了债权人追债的风险。他们对公司状况更加放心了。

资产转移的问题

转移或抵押财产与资产时会产生两个主要问题。

欺诈性财产转移

将财产转让或抵押实际上就等于将财产置于债权人的追索范围之外。但是如果你明确知道当前正有一名债权人在追索债务却依然进行了资产转移，那就不对头了。就是说，如果你已经接到了法院判决，或正有人起诉你，或者声称准备起诉你，你就不能转移资产以逃避赔偿。你想想，如果你只要放弃自己的资产就可以逃避债务，那也太简单了吧？所以司法与立法机构就制订了"欺诈性财产转移"的概念，并赋予法庭撤销任何欺诈性或不正当财产转移行为的权力。

大部分州都已经通过了《统一欺诈性转让法》。在该法案下，"债权人"的定义很简单，就是"任何拥有追索主张的人"，不管追索是否存在争议或是否已经落实为法庭判决。如果法庭认定你进行财产转移的目的是阻碍、延迟追索或欺诈债权人，那么此转移将会受到多种法律责难。法律要求法庭将一系列因素考虑在内，包括那些可以证明转移并非出于欺诈目的的因素，包括：

● 财产是否转移给内部人士（具体指 1. 亲属，2. 债务人拥有控制权或债务人担任管理人或董事的公司，3. 债务人为一般合伙人或附属公司的合伙公司）；

● 债务人是否对所转移财产仍保留控制权；

● 转移是否遭到举报或是否存在隐瞒情况；

● 转移发生前，是否有人起诉或声称准备起诉债务人；

● 转移财产是否基本为债务人的所有财产；

● 债务人是否潜逃；

● 债务人是否转移或隐藏资产；

● 被转移的资产是否取得合理对价；

● 转移是否会使债务人进入资不抵债状态；

● 转移发生前后不久，债务人是否有大量举债的行为；

● 债务人是否将公司基本资产转移给抵押权人，抵押权人又将此资产转移给内部人士。

债权人如可证明债务人转移财产的目的是阻碍、延迟债权人追索权的行使或具有欺诈性，债权人可以要求法庭撤销转移，责令重新转移至指定接收人，并/或用被转移资产偿付债务。

你怎样才能避开欺诈性财产转移的问题呢？

你需要在遭到起诉前早早地就建立起资产保护的结构。例如，如果约翰和丹尼斯在生意一开始就建立他们的内华达州公司，签发本票并提交 UCC-1 表格，那么 1 年以后才跟他们做生意的债权人就不能说他们的资产结构具有欺诈性。他们并不怀有欺诈债权人的目的——建立公司结构的时候他们还不认识债权人呢。

建立资产保护的一般原则就是"未雨绸缪"。风平浪静没有任何麻烦的时候，你完全有权选择一种稳妥的资产结构。这样即使风暴来临，你也已经早早将资产置于保护之下了。如果等到大难临头你才想转移资产，那就太晚了。

洗钱

转移资产的第二个问题和《洗钱控制法》有关。

这项法案规定，任何人进行或试图进行与非法活动有关的财务行为都属于犯罪。将资产转移至股份公司、普通合伙公司、信托或其他法律实体的行为都属于此法案中所说的财务行为。而其中规定的非法活动主要包括贩毒、财务行为不当和环境犯罪。

贩毒包括对管制药品的制作、进口、销售或贩卖，受持续性犯罪组织委托的行为，毒品注射用具的运输等。

财务行为不当包括：对资产接管人、保管人、受托人、执法官员或其他法院官员隐瞒资产；在履行破产程序时对债权人隐瞒资产；对联邦存款保险公司、资产重组托管公司或类似的公司及个人隐瞒资产；在公司进入破产程序时进行欺诈性资产转移；贿赂；为了获取贷款而给回扣或进行赠予；盗窃、贪污；挪用银行资金；信贷机构登记欺诈、贷款欺诈、信用证申请书欺诈；邮政欺诈、电话欺诈、银行欺诈及银行或邮政盗窃抢劫。

环境犯罪包括违反《联邦水污染控制法》《海洋倾废法》《美

国安全饮用水法》《资源保护和恢复法》及其他相似联邦法规的行为。

其他规定的犯罪行为包括造假、从事间谍活动、绑架、侵害版权、伪造文件进口货物或走私、逃避海关监管、非法出口武器、与美国的敌国进行贸易。

所以如果你参与这些活动,然后将收益转移到另一家实体公司,那么你将面临《洗钱控制法》的制裁。

怎样才能避免洗钱的危险呢?答案就是不要去做。在这个世界上有那么多合法的生意等着你去赚钱,根本没必要去体验犯罪集团那些担惊受怕的不眠之夜。

关于公司利益最大化的最后一点

法庭允许你灵活安排公司结构,以综合各种经营技巧为你和你的家庭谋求福利。有一个关于纳税额度的经典判例可以证明这一点。

> 任何人都可以自由设置公司结构,使纳税额尽可能的低:他没有义务选择对财政部最有利的纳税方式。提高纳税额甚至不能被视为爱国义务。
> ——联邦法官勒恩德·汉德,《葛利高里诉赫尔维因案》

这项裁定被美国最高法院确认:

> 纳税人全部或部分规避其应缴纳税额的法定权利不容置疑。
> ——《葛利高里诉赫尔维因案》

综上所述，合法减少纳税额度最好的州就是内华达州。

富爸爸小提示

- 如果你对本章提到的任何一条策略感兴趣，考虑尽早实施它们吧。
- 马上行动的原因很简单。做生意的时间越长，你越可能碰上索赔的人。为了现在，为了将来，开始保护自己吧。

编者按

美国各州州法都同联邦法有着这样那样的差异，有的州更为严苛，有的州更为宽松。如本章所说，内华达州公司的灵活性、隐私保护、资本变通及低廉的维护费用，当然是你的不二选择，当然还有其他一些州，如特拉华州，密歇根州也都是不错的选择。

关于州法具体的优势，前文已详细说明，这里不再赘述。但使用复合公司形态的时候，要注意不要沦为被监管公司，不要被揭穿公司面纱。关于被监管公司，如果你不介意被高额征税，那么即便沦为被监管公司，也可不必顾虑，因为你还可以保证自己的资产安全。

但是，一旦你被揭穿了公司面纱，那么就不光涉及到高额税收问题，还会涉及到你的母公司甚至个人资产的安全。如公司的高管人员或董事相互兼任；母公司管理人对子公司日常运作施加控制；母公司通过子公司开展业务，而子公司完全为母公司而存在；又或者子公司资金严重不足，都足以令公司面纱被揭开，导致母公司或股东承担责任。

本章还提到了复合公司的优势，它可以分散你的投资风险，在税收上也可以起到一定的变通作用，减少你的缴税金额。当然要注意的就是，本章提到"被监管公司"问题，未雨绸缪总好过临渴掘井，事先作好公司安排，而非遇到问题再想办法转移资产，就不会让你成为"被监管公司"所涉及的对象，自然能使你的努力免予付诸东流。法律只保护谨慎的人。

第5章
成立股份公司、有限责任公司和有限合伙公司的步骤

决定成立一家优秀类型的公司后,你还需要完成某些组织上的程序。即使你的专业顾问可以帮你准备文件,了解以下内容也是有好处的。

股份公司

组建股份公司的第一步是准备好公司章程并提交给州务卿办公室。虽然每个州都有自己的规定和要求,有一些要求是相同的:

1. 公司章程

公司名称

选择一个今后你要使用的名称,然后跟州务卿办公室确认(如有必要还需同商标局确认)名称是否可用。

经营宗旨及权限

内华达州及其他某些州的司法机关允许章程上只简单地写公司的宗旨是从事某种合法活动并因此而组建。其他州,如马萨诸塞州,

则要求公司章程中至少写明一项具体宗旨。

董事会

有些州要求公司列出最初的董事会成员的姓名及地址。

法定股本

需包括公司发行股票的额定数量，每种股票的认股权、优先权和股票的票面价值。

经营期限

大多数州都允许公司无限期存在，因此公司章程要表明公司无期限存在。

2. 内部章程

公司的内部章程是公司的经营规则。内部章程各不相同，但一般都会包含以下几项条款：

董事会议

内部章程会规定公司采用何种形式来通知召开会议，以及举行年会的最低次数。

股东会议

确定年会的日期，以及召集举行特别会议的条件。

管理人及董事

在内部章程中会规定管理人及董事的职责，以及罢免他们的程序。

记录与报告

内部章程应规定股东审查账目需要遵循的程序。

公司常驻代理人的姓名及地址

政府要求公司指定常驻代理人。常驻代理人的真正作用是在本州接收送达的传票和诉状书（诉讼）。所以你指定的常驻代理人必须明白遭到起诉是一件非常严重的事情，并且知道对诉状的及时答辩是多么的重要。

> **富爸爸小提示**
>
> ● 每个州都要求股份公司、有限责任公司或有限合伙公司在本州拥有一名常驻代理人,这也恰恰说明了选择一名可靠的常驻代理人是多么重要。
>
> ● 不要选择那些夫妻店①来为你提供常驻代理服务。你可能从现在开始一整年都找不到他们。万一真是这样,遭到起诉时你没有收到传票,就无法为自己做辩护,此时法庭会对你的公司进行缺席判决。

有限责任公司

组建有限责任公司的第一步是准备并提交组织章程。每个州的特别规定在我的另一本书《如何使用有限责任公司和有限合伙公司》中有具体介绍。同样,有一些要求是相同的:

1. 组织章程

有限责任公司的名称

检查名称是否可用并考虑如何保护名称。

公司宗旨及权限

同股份公司一样,许多州允许有限责任公司的组织章程对其权限只作宽泛的规定。

---

① 夫妻店(mom and pop):个人所有,由家庭成员经营的小型零售店。

公司常驻代理人的姓名及地址

出于同股份公司一样的原因，有限责任公司的章程中也需写明常驻代理人的姓名与地址。请注意，如果你所组建的公司就在你所居住的州，你也可以自己担任常驻代理，这一点同样适用于有限合伙公司和股份公司。

公司管理模式

同股份公司不同，有限责任公司要么由全体成员管理，要么由一名或多名经理管理。通常这一点必须在组织章程中作出明确说明。

2. 经营协议

同股份公司的内部章程一样，经营协议规定了有限责任公司的经营规则。通常来说相同的条款包括：

经理

规定经理的人数、任期、选举和罢免。

权益转让的限制

与股份公司的股份不同，有限责任公司的成员权益转让十分复杂。经营协议中需要对此作出规定。

利润及亏损的分配方法

同股份公司的股息不同，有限责任公司的分配受合伙法的管辖且其条款更加复杂，经营协议应对此作出规定。

会议

许多州允许公司成员决定是否需要召开会议。如有任何特殊要求，都应在经营协议中作出规定。

押记令

虽然许多州要求债权人按照州法律履行押记令程序，但最好还是将相关规定写入经营协议（见第6章）。

有限合伙公司

组建有限合伙公司需要向州务卿办公室提交有限合伙协议。在我的另一本书《如何使用有限责任公司和有限合伙公司》中,我介绍了某些州的特别要求。下面列出相对普遍的要求:

1. 有限合伙执照

有限合伙公司的名称

同其他公司一样,你需要向州务卿办公室确认名称是否可用。另外别忽略各州对商标的其他要求(见第 8 章)。

业务的一般性质

在大多数州你并不需要对业务性质做出特别具体的描述。

常驻代理人的姓名和地址

正如我们讨论有限责任公司和股份公司时说的一样,你需要选择一名能够在未来一年中尽到职责的常驻代理人。

一般合伙人的姓名和地址

有些州还要求写明所有一般合伙人的姓名和地址。

出资额

并非所有的州都对出资额有要求。没有几个投资人愿意别人在公开记录上看到自己向 XYZ 有限合伙公司投资 100 万美元。

期限

许多州将有限合伙公司的期限设定为 30 年。你必须确定一个终止日期。

终止/解散事宜

有些州要求在有限合伙证书中写明公司解散或终止的条件。

2. 有限合伙协议

有限合伙协议同有限责任公司的经营协议和股份公司的内部章程一样，规定公司的经营准则。相同的条款包括：

一般合伙人的管理职能

协议将规定一般合伙人的职责、权利和对他们的补偿。

有限合伙人的地位

对有限合伙人的权利、权力和表决权作出规定。

转让及对合伙人分配的限制

同有限责任公司一样，合伙公司在这类问题上颇为复杂。合伙协议中应对此作出详细规定。

终止/解散事宜

因为有限合伙公司一般都有固定的期限（例如 30 年），因此终止与解散的条款应详细制订。

押记令

同有限责任公司一样，你也许认为押记令是债权人独享的补偿方式。

下一章我们来了解一下押记令的好处。

编者按

公司设立都有一定的程序性步骤，股份有限公司、有限责任公司、有限合伙公司繁简各有不同。同样的，因为中美公司法的差异、国家监管态度的不同以及准入门槛的不同，使得两国的公司设立程序也存在差异。

本章中提到，美国股份有限公司设立要求提交公司章程、内部章程以及常驻代理人姓名地址；有限责任公司设立要求提交组织章程和组织协议；而有限合伙公司设立则要求提交合伙执照和合伙协议。三种不同类型的公司设立所提交文件虽名称不同，但却均发自同源，无论是公司章程、组织章程还是合伙执照，都是公开性内容，涉及的都是一些名称、宗旨、期限、成员等内容；而内部章程、组织协议、合伙协议则属于公司成员间的协议，更类似于成员间的合同。

在我国，公司设立程序要更为繁琐，最主要的差异在于，公司成立要提交登记申请，以及验资证明和非货币出资的财产转移占有证明文件。这样的差异，一方面是因为我国的准入门槛较之美国要高，有最低注册资本的要求，另一方面是我国市场经济监管性更强，更为侧重预先保护。

第6章
如何利用押记令

押记令程序是有限合伙公司和有限责任公司所提供的一种独特的资产保护方式。在大多数州,判定债权人——已经起诉并得到法庭判决胜诉的债权人——在有限合伙公司和有限责任公司面前只能得到押记令。这意味着债权人无法得到有限合伙公司和有限责任公司的财产所有权,只能得到权益持有人取得分配的权利。

下面的案例会帮我将这个概念解释清楚。请注意,我们在案例中讲的虽然是有限合伙公司,有限责任公司也同样适用。

案例10 乔和家人们

乔从事叉车销售及维修生意,事业日渐红火。创业初期他采用了独资公司的形式,在过去的7年里公司发展迅速。乔的会计师告诉他现在必须开始保护他那些颇具规模的资产了,特别是他现在正考虑投资另一个领域的、风险很高的生意。乔很喜欢有限合伙公司这个主意。他想以普通合伙人的身份保留对公司的控制权,同时还能将有限合伙权益赠予自己的孩子们。

在会计师的帮助下,乔发现自己并不想承担普通合伙人的责任。于是他成立了乔氏管理公司来担任乔氏叉车有限合伙公司的普通合伙人。乔氏管理公司拥有有限合伙公司4%的权益。因为乔有可能在另外那项投资的生意中遭到起诉,他不想让乔氏管理公司的大部分所有权落在自己的名下,否则债权人就可以得到乔的股份,控制乔氏管理公司,然后作为乔氏叉车有限合伙公司的普通合伙人毫无阻碍地取得有限合伙公司的分配,从而偿还自己的债务,这能让乔的计划毁于一旦。乔也不能让妻子拥有乔氏管理公司的控制权,因为如果乔遭到起诉,妻子可能会负担连带责任。所以乔将乔氏管理公司60%的权益给了已经成年且值得信任的儿子保尔。乔仍然担任乔氏管理公司的主席、首席执行官、董事长和全部的管理人职位,掌握乔氏管理公司的一切权利。而且作为普通合伙人,他还拥有乔氏叉车有限合伙公司的所有管理权。

一旦乔氏叉车有限合伙公司将叉车生意接管下来,乔就开始将有限合伙权益赠予出去。两年后,乔和他的儿子们——保尔、思科特和戴夫——每人将拥有乔氏叉车有限合伙公司24%的权益。剩下的4%由普通合伙人乔氏管理公司持有。一切都已安排妥当。

乔一直想拥有一所球迷酒吧。他不顾妻子、会计师和其他所有人的反对,与另外两人各拿出10万美元投资了酒吧生意。不管怎么看这都是一次冒险。镇上已经有3家球迷酒吧了,而且乔的酒吧位置也不占优势。但乔和另外两名投资者就是想试一下。他们使用股份公司的形式来经营酒吧,但想要开张还需要一笔50万美元的银行贷款。银行对此非常谨慎,要求他们为贷款做个人担保,于是他们3个人都做了担保。新公司的3名所有人得到了贷款,进行了装修,然后酒吧开张了。

酒吧开张才两个星期,棒球球员和球队老板间的矛盾就爆发了。一个星期之后,没等老板下停工令,球员开始罢工了。老板们声称是他们先让球员们停工的,而球员们则嚷嚷说是自己罢工在先。世界锦标赛泡汤了,近期也不会再有比赛,更别提什么电视转播了。这对酒吧来说可是个糟糕的消息。球迷们厌烦透了:"我以后再也不……"——哎,别提了。乔的球迷酒吧不到3个月就关门了。

由于酒吧的3个所有人里乔的偿债能力最强,银行马上对乔采取了措施。但他的资产只有乔氏叉车有限合伙公司24%的权益。

银行对乔的权益唯一的追索办法就是取得一份押记令,就是说他们不能简单地闯进乔氏叉车有限合伙公司拿走24%的设备、家具和一切可以拿走的物品。银行必须等待公司的普通合伙人作出了对有限合伙人进行分配的决定后,才能取代乔的位置接收分配的收入。在此过程中,普通合伙人对分配拥有自行决定权。

现在请注意,乔虽然是乔氏管理公司的首席执行官,但他并未持有多数股份,否则银行作为债权人就可以得到这些股份,然后通过表决控制乔氏管理公司,进而作为乔氏叉车有限合伙公司的普通合伙人作出对公司有限合伙人有利的分配。通过押记令,银行最多只能将乔氏叉车有限合伙公司的权益中本属于乔的24%收为己有。

乔无需担心其首席执行官的职位在乔氏管理公司的表决中被罢免,这多亏了保尔拥有多数所有权。乔决定不做任何分配。于是银行,还有乔的孩子们就什么也得不到了。因为合伙公司利润直接转移,所以乔可以在向国税局申报的K-1表格中分派利润,实际上合伙人却拿不到一分钱来为这笔收入缴税。这就是所谓的虚幻收入,也是让债权人深感头疼的事。

假设每个拥有24%所有权的有限合伙人得到10万美元的税前收入,税额即为两万美元。乔决定把孩子们都雇到公司里,发给他们足够可以交税的薪水。此时只有银行拿不到一分钱来交税。噢,当然,他们会交税的——他们是银行嘛。但是握有乔的债权会让他们在今年就花掉两万美元。明年也许是4万美元。当钱无望入账却不停流出时,银行随时都愿意放弃90%(甚至更高)的债权。

不出所料,乔只用5万美元就了结了与银行的债务,而且从此再也不敢不听老婆和会计师的话了。

虽然每个州情况不同，但判定债权人在取得押记令的收益之前必须完成一系列的程序。其中包括：

- 对有限合伙人提起诉讼并胜诉。
- 回到法庭取得一份押记令。
- 申请取消有限合伙人对其所持权益的赎回权。
- 指定一名接收人来接收有限合伙公司的分配。

如上所述，债权人必须完成的这些步骤很容易让双方接受和解。

也许有些读者会质疑，押记令是否对银行有点儿不大公平。他们放出贷款并已经胜诉，他们应该把债讨回来。对此，我们先来看看以下三点。

1. 在这种情况下，加州中级法院同意债权人应该收回债务的观点（见"克洛克国家银行诉皮瑞顿案"和"海尔曼诉安德森案"）。法庭注意到，押记令的本意是保护无债务负担的有限合伙人以及防止合伙公司经营的中断。他们认为押记令的目的并不是让合伙人逃避债务。作为补偿，法庭在第一个案例中判定必须在得到其他合伙人同意的情况下才能将合伙权益售出。在第二个案例中，法庭发现合伙权益的售出不会影响合伙公司的经营，因此判定无需得到其他合伙人的同意就可以将权益售出。

在撰写本文时这种判决暂时只适用于加州，未来可能会为其他州所采用。虽然存在着这种可能性，正如下文的第三点讨论到的，你不应该因此就拒绝使用有限合伙公司或有限责任公司。（请注意，内华达州的立法机关最近将押记令认定为对有限责任公司和有限合伙公司独有的追索方式，对资产保护来说，这是个胜利。）

2. 在上面的案例中，银行对乔的财政状况进行了（或本应进行）

认真的调查。只要乔在贷款申请书上没有撒谎——撒谎的话就触犯了洗钱法案——银行就应该知道,乔唯一的资产就是有限合伙公司的权益,且此种权益很难追索。如果银行对此有所顾虑,办法也很简单:别把钱借给乔。

3. 押记令的好处不在于它损害合法债权人的利益,而在于它能阻止一些扰人的诉讼。虽然多数律师都很正直,但同任何一个行业一样,律师界也不乏无耻之徒。这些人心里没有丝毫的正义、道德与公平。他们根本不在乎你和你的家人,也不在乎你正在为社会作出贡献。他们想的只是取得胜利,他们会恬不知耻地跟在你屁股后面让你的生活变得痛苦,甚至连他们的母亲都会鄙视他们,吊销他们的执照都不足为惜。在现有体制下,能够从别人身上获得最大净值的律师获利也最丰,因此你需要做好周密安排,尽力保护自己的资产。一定记住,律师和他们的助手们有很多办法查明你所拥有的资产。(互联网透露的个人信息之丰富会让你大吃一惊。)所以采取措施避免自己的名字出现在公开记录中,使用可以将公司法律责任与你个人分离的公司类型,并采用很难进行追索的所有权形式,是非常重要的。

对于资产保护来说,有限合伙公司或有限责任公司的权益是持有资产的最好方式之一。当为了发财而不择手段的律师们看到你的资产是有限合伙公司或有限责任公司的权益时——当然,最好什么资产也别让他们看见——他在和你打官司之前就得好好琢磨琢磨了。一切能够阻止无意义诉讼的手段都能给你省去不少麻烦。重复一遍,使用有限合伙公司或有限责任公司来持有资产是资产保护过程中的一步好棋。说到资产保护,你还需要遵守一些规定以避免保护失效,这也是我们在下一章将要讨论的。

> **富爸爸小提示**
>
> ● 在遍地都是诉讼陷阱的今天,你的策略就是将资产隔离。
>
> ● 将经营实体——就是与外界打交道的公司——与持有资产的实体分开。
>
> ● 考虑让经营实体持有小部分资产,然后从持有资产的实体那里租赁高价值的资产。
>
> ● 咨询你的会计师,确保没有忽略"被监管公司"的问题。

编者按

押记令在美国法中是一项法官赋予债权人的判定权,当债务人为有限责任公司或有限合伙公司成员时,债权人有权取得其收益权的一种权益。

押记令是对有限责任公司和有限合伙公司提供的一种特有的资产保护方式。它之所以能够应用,是基于这两种类型公司对权利转让存在限制而产生的。这两种公司类型中,公司成员通常都是具有某种相互信任的关系,并继而组建公司。也就是说,他们的组合并非是一种简单的资金的组合,一个成员的变更就很可能导致公司的终止,那么如果有外部的债权人想要取得公司资产时,法律为保护成员间关系的稳定性和整体性,就不会轻易地为外部债权人想要进入公司变为公司成员打开方便之门。

在我国,虽然没有押记令的存在,但是对公司成员个人债务的清偿也适用同样的准则,那就是债权人不能直接替代债务人成为公司成员,享有公司控制权。债权人想就公司成员的投资受偿,须通过法院征得全体股东过半数同意后,予以拍卖、变卖或以其他方式转让，并就转让后的价金受偿。也就是说无论中国还是美国，公司的完整性、成员间的合作关系都绝不允许被轻易打破。本章中详述了押记令的具体运作方式以及公司如何利用押记令

来保护公司格局，使公司利益不被侵犯。当然，如文中所说，如果债权人对此存在疑虑，他完全可以选择离这样的公司远一些，法律保护的是那些不知情的受害者，而并非自愿选择走入困境的人。

第7章
公司程序的重要性

你已经了解了股份有限公司的巨大优势。从16世纪的英国君主到现在全美各州的立法机关,从加拿大的每一个省到所有参照英国普通法进行立法的国家,股份有限公司一直是历史上鼓励承担风险却又为风险承担者提供保护的一种方式。

但享有权利的同时也要承担义务。公司运作过程中你的义务就是遵守一些非常基本但很必要的规定。这些规定一般被称为"公司程序"。如果违反或忽略了这些程序,你就会失去公司保护,从而导致你不得不为生意上的债务和他人对公司的追索承担个人责任。

一定要记住,这些规定对有限责任公司同样适用。上面说过,有限责任公司是一种新的公司形式,针对它的法律体系尚未健全,但毫无疑问,有限责任公司的面纱也是允许被揭开的。比如,科罗拉多州的法律就已经出现了以下条文来揭开有限责任公司的面纱:

> 如有当事人要求有限责任公司的成员为所指控的不当行为承担个人责任,法庭应采用科罗拉多州法律下,适用于揭开公司面纱的情况和条件进行解读的判例法。(科罗拉多州法律修正案注释,7-80-107①部分。)

对于有限责任公司、股份有限公司——不管什么形式的公司——遵守以下的程序是比较稳妥的。这里有几条简单的规则：

1. 每年的登记备案 提交基本的公司章程后，你还需要向州政府提交一份年报并交纳年费。这并不复杂。例如在内华达州，你只需要每年寄送一份管理人和董事的名单——1页纸就够了——和一张85美元的支票。

2. 准备会议记录 多数州要求公司股东和董事每年召开一次会议。准备好这些会议记录意味着你拥有恰当的公司形式并受到稳妥的保护。我们公司提供这项服务，每年收费150美元。其他公司也许收费更低，你也可以自己完成这项简单的工作。

3. 进行公司公告 让外界知道你在经营时的身份是股份有限公司而不是个人、独资公司或其他形式，这一点非常重要。在你的名片、信件抬头、发票、公司支票、宣传册和其他类似的东西上，表明你是在以公司的身份进行经营。当你的公司是"XYZ股份公司"时就不要只写"XYZ"，你得让外界知道你的公司是一家股份有限公司。同样，你签署所有合同时的身份必须是"XYZ股份公司"的董事长。签名时漏掉公司职务可能会导致承担个人责任。

4. 使用单独的银行账户 你不能使用自己的私人账户充当公司账户。股份公司是独立的纳税实体，拥有自己的纳税识别号。任何时候你都必须保证公司拥有单独、独立的银行账户。

5. 填写单独的纳税申报表 因为股份有限公司是独立的纳税实体，因此需要填写单独的公司纳税申报表。将本应出现在公司纳税申报表上的收入和/或开支写入你的个人纳税申报表可不是什么好主意。

未能遵守以上5条规定将导致债权人揭开公司面纱进而追索个人责任。那么揭开公司面纱的后果是什么呢？

案例11　罗杰和唐尼

罗杰·莫顿和唐尼·布鲁克斯正为他们的创业计划欢欣鼓舞。他们将实现自己的梦想，在生意场上大展宏图。为了这个目标他们已经努力1年半了。他们即将取得"贝尔汉堡店"在本地的独家经营权，"贝尔汉堡店"是继"大嘴王玉米饼店"之后最火爆的食品店。罗杰通过自己的建筑公司修建了首家店铺，唐尼将处理公司具体事务。

为了准备这项事业，唐尼在1年半之前就向本州的州务卿办公室提交了公司章程。他并没有雇用律师，也没有咨询会计师。他们是一家创业公司，处处需要省钱。他依稀记得公司需要召开组织会议，最后却把这件事抛在了脑后。

唐尼不知道，股份有限公司作为一个单独的法律实体需要向国税局申请一个纳税识别号（EIN号，即雇主识别号码）。他本应在去银行开设公司账户的时候了解到这一点，因为没有EIN号银行是不会为他开设公司账户的。但唐尼觉得可以先使用自己的私人账户，其他事情以后再慢慢研究，他和罗杰投入公司的钱被他存入了自己的个人账户。一切按部就班地进行着，唐尼把为公司开出的支票和一些收据存放在做了记号的鞋盒子里，这就是他们的账目记录。

大约半年前唐尼收到了州务卿办公室的一封信函，要求他们交纳下一年的年费。信里还让他们在寄送支票的时候附一份下一年公司管理人和董事的名单。唐尼一来不太明白这是什么意思，二来他正忙于自以为更重要的事情，把它忘了个一干二净。

罗杰记得别人说过，收到州政府的这种通知意味着你该召开公司股东和董事的年会了。但这次他也忙着别的事情，于是什么也没做。而且公司只有唐尼和罗杰两个人，他们每天都说话，还开什么会啊？

不久前罗杰发了一份合同给唐尼看，罗杰想开通电话自动应答服务，来处理越来越多的电话。唐尼看了合同，在签名处签下了自己的名字"唐尼·布鲁克斯"，然后就寄回给提供应答服务的供应商了。

就在一切顺利进行的时候，一个姑娘在工地上摔伤了。虽然罗杰的建筑公司买过一些保险，但数额不够，而这位姑娘在这场不幸的事故中受了重伤。两个星期后，罗杰和唐尼就明白了什么叫"揭开公司面纱"。

如果股东未能履行公司程序，那么保护股东不必承担个人责任的有限责任的公司面纱就可以被刺破，或揭开。当股东在经营中将公司抛在一旁，或在处理事务过程中过于大意从而使公司独立实体的地位变得模糊，那么股东就必须背负个人责任。

揭开公司面纱可能带来毁灭性的后果，就像罗杰和唐尼的遭遇一样。受伤姑娘的律师毫不费力地证明了两人未能履行公司程序。证据有：

- 未取得公司 EIN 号码。
- 未开设公司银行账户。
- 未能撰写年报及交纳年费，导致公司执照被吊销。
- 未举行股东和董事的组织会议及年会。
- 未提交公司纳税申报表。
- 以个人名义，而并非管理人名义签署了至少一份合同。

对于这位姑娘的受伤，罗杰和唐尼承担了个人责任。他们申请了破产，而且鉴于两人现在的财务状况，"贝尔汉堡店"也收回了之前授予他们的专营权。他们所有的工作、努力和梦想都因为未能采取几个非常简单的保护措施而泡汤。

为了避免你的股份有限公司（或有限责任公司）被揭开公司面纱，你需要在心里树立一个"独立个体"的概念。你不是股份有限公司，股份有限公司也不是你。你担任管理人和/或董事来帮助公司经营并持有公司股份。反过来，公司会限制你的责任并提供其他保护。如果不能保证这种"独立性"，这种双方获益的共生关系就无法得到维持。

为了保持"独立性"，你需要考虑遵循以下几条规则：

1. 永远不要认为你拥有公司资产。公司资产不是你的资产，它们属于公司。所有权落在（或应该落在）公司名下，你作为管理人有义务进行经营并使公司利益最大化。不管你拥有公司股份的20%、70%还是100%，都无足轻重。你只拥有股份，并非公司资产。你并没有公司资产的直接所有权。

2. 永远不要将公司的资产与个人的资产和款项混在一起。公司的钱必须存入公司账户。将公司的钱存入个人账户，过后再将钱还给公司并不是个好习惯。最好也别用公司的资金偿还个人债务，不管你最后会不会把钱还给公司。

3. 永远不要将公司资金用于非公用途。即使将来你在法庭上辩解自己只是无心犯错也于事无补。你有义务明白什么是对什么是错。如果你怀疑或知道自己已经违犯了法律，马上停止。不值得去招惹这些麻烦，也不值得去承担这些后果。

4. 在未得到董事会授权时不要向外出售公司股票。没有公司管理层的讨论及认可，你是不能发行股票的，否则就违反了证券法，这一点毫无争议。

5. 永远不要在公司投资不足时开始运营。在某些州，包括加州，未能严格履行公司投资义务将导致公司面纱被揭开。如果你需要5万美元才能开办公司，在银行户头只有500美元的时候就不要开始签订公司合同并与卖家建立权责关系。

6. 每年举行年会。会议记录——证明你始终理解你与公司之间区别的文件——是必须要做的一项工作。接下来我们有必要对每年需要定期准备的会议记录进行进一步的讨论。

会议记录

防止公司面纱被揭开的一个绝好办法，就是打印并保存董事会和股东会议的会议记录。在大多数州，州法律会对这类会议的举行作出规定。虽然许多州的有限合伙公司法和有限责任公司法并不要求召开年会，但召开会议也不是什么坏主意，至少还能在将来的沟通和理解上有所帮助。

人们经常说准备年会的会议记录是多么的难。对有些人来说那简直就像去看牙医。

不要怕！没有那么难。

下面是首次股东大会会议记录、董事会组织会议记录、股东和董事年会会议记录的样本。你可以根据自己的需要选择其中一份。或者，如果你仍然觉得就像坐在牙医的就诊椅上，我们公司或者别的服务商可以替你做这些事情。我们的费用是150美元/年（我想这比看牙医要划算吧）。重要的是会议记录每年都要准备，它能保证公司为你提供的有限责任保护。

XYZ 公司首次股东大会会议记录

经有效通知，XYZ 公司的首次会议于 201 年月日召开。会议由公司创始人杰克·史密斯召集召开。以下股东出席了本次会议，出席会议的股东占公司股东多数且达到出席会议的法定人数。

杰克·史密斯
吉尔·琼斯

杰克·史密斯担任本次会议的书记员
本次会议提交的文件包括：

1. 公司登记执照副本
2. 公司内部章程副本
3. 创始人辞职书
4. 公司股票存根簿
5. 公司股份总账

主席认为应讨论推选下一年的董事会。经正式提名、附议，一致决定，选举以下人员为公司董事，任期 1 年，于新董事选定生效时终止：

杰克·史密斯
吉尔·琼斯

经正式提议、附议，一致决定：

以上所列项目经股东审查获得通过并予以采纳，且本文件所陈述的所有行为和决定均已得到公司股东的批准及认可。

鉴于会议别无其他议程，经正式提议和附议，会议到此结束。

书记员　杰克·史密斯

XYZ公司董事会组织会议记录

XYZ公司董事会的组织会议于201＿年＿月＿日召开。

杰克·史密斯和吉尔·琼斯构成公司最初董事会的全部成员。2人出席会议且达到法定人数。

由古尔·琼斯担任会议书记员，杰克·史密斯担任会议主席。

主席宣布已向＿＿＿＿＿＿＿州州务卿办公室提交公司章程，并指示书记员将经过核实的章程副本加入会议记录簿使其成为会议记录的一部分。

然后由书记员呈交创始人辞职书。对创始人辞职书进行审查后，经正式提议、附议，一致决定：

董事会接受创始人的辞职。

书记员向会议提交一枚印章作为公司印章，另提交一份股权证的样本。通过对印章及股权证的审查，经正式提议、附议，一致决定：

采纳并许可提交的印章及股权证的样本作为公司印章及公司的股权证。在此授权并指示公司的书记员将股权证样本加入会议记录中，并在会议记录空白处留存印章印记。

然后由书记员呈交内部章程草案，内部章程的内容包括经营规章、公司事务、公司股东、董事与管理人等事宜。对内部章程草案进行审查后，经正式提议、附议，一致决定：

提交会议的内部章程被采纳为公司内部章程，在此指示书记员对章程进行核实并将其加入会议记录簿（包含董事会的会议记录及其他相关文件）。

主席宣布下一项议题是按照内部章程的规定推选管理人。主席要求对管理人进行提名，其任期于1年后新管理人被选出并生效时终止。经过讨论，以下人员被提名并被推举担任以下职位：

  杰克·史密斯   董事长
  吉尔·琼斯   书记员／财务主管

主席要求继续进行提名，但未收到任何被提名人选。大会进行口头表决，鉴于无任何反对意见，主席宣布被提名人被选举为公司管理人，任期至下一次年度董事会议召开时或继任者被选出并生效时为止。

主席宣布下一项议题是确定管理人补偿。经讨论和正式提议、附议，一致决定：

公司管理人的工资为（_____）或（日后另行确定）。主席宣布下一项议题是讨论支付所有公司组织与成立所产生的费用，并对所有垫付此种费用的人员进行补偿。经讨论和正式提议、附议，一致决定：

授权并指示公司财务主管支付所有公司组织与成立所产生的费用，并对所有垫付此种费用的人员进行补偿。

主席宣布下一项议题是讨论对公司管理人与董事为公司事务所支出的差旅费及其他费用进行补偿。

经讨论和正式提议、附议，一致决定：

公司应对管理人和董事支出的所有因公司事务及改善经营需要而产生的必要合理的费用进行补偿。

另决定：对于公司因业务活动需要而产生的必要的一般差旅费用，公司应对管理人和董事进行补偿或直接替管理人和董事进行支付。且此种补偿应成为公司规定。

主席宣布下一项议题是讨论根据《国内税收法典》第248章的规定，将公司组织费用进行分期偿还，偿还期限为60（六十）个月，期限从公司经营的第一个月开始算起。主席对此进行了解释：如不对此项议题进行讨论，公司组织费用将构成不可抵扣的资本开支。经讨论和正式提议、附议，一致决定：

根据《美国国内税收法典》第248章的规定，从公司开始经营的第一个月起，公司对其组织费用进行分期偿还，偿还期限为60（六十）个月。

主席宣布下一项议题是指定公司资金的保管人。经讨论和正式提议、附议，一致决定：

指定_____为公司普通账户保管人。保管人保管的任何账户开出的支票、汇票由以下人员签字：杰克·史密斯或吉尔·琼斯。在此授权并指示董事长、书记员和财务主管在开设与保留账户时签署所需的必要文件。

另决定：指示公司书记员将以上所述文件的副本加入会议记录。主席宣布下一项议题是讨论指定公司在_____州的注册代理人与注册办事处。主席宣布公司章程规定公司注册代理人为_____，公司主要营业地点是_____。经正式提议、附议，一致决定：

指定_____为_____州的公司注册代理人。代理人办公室位于_____。

经讨论和正式提议、附议，一致决定：

聘_____为公司法律顾问

主席宣布下一项议题是讨论根据《美国国内税收法典》第1244章的规定发行公司股票。主席称第1244章允许一般亏损待遇,如果股票持有人在亏损情况下,或股票价值为零的情况下出售或交易此种股票,那么亏损待遇将被取消。经讨论和正式提议、附议,一致决定:

根据《美国国内税收法典》第1244章规定发行公司股本。在此授权公司提供并发行经授权的普通股。以上股票只可使用货币和其他财产(不可使用股票或证券)认购。会议在此批准、授权并指示公司管理人在进行本项计划、在《美国国内税收法典》第1244章所规定之下审查与发行股票的过程中提供一切必要的工作。

主席宣布下一项议题是考虑发行公司资本股股份。主席称以下人员认购总数为_____股的公司普通股股份,票面值为_____美元,认购总值为_____美元。

姓名	股票数量
杰克·史密斯	_____
吉尔·琼斯	_____

主席进一步解释说股票一经发行则须全额认购,且认购资金不可退回。经讨论和正式提议、附议,一致决定:

鉴于已收到_____美元($_____),公司应向杰克·史密斯发行_____股的股票,股票为全额认购的普通股,认购资金不可退回,股票面值为/股。

鉴于已收到_____美元($_____),公司应向吉尔·琼斯发行_____股的股票,股票为全额认购的普通股,认购资金不可退回，股票面值为＿＿＿／股。

主席宣布下一项议题是讨论为公司设置财政年度。主席解释说公司可以选择任何日历月份作为财政年度的终止时间。经讨论和正式提议、附议，一致决定采纳以下决议：

在此授权公司董事长、书记员或财务主管中任何一人通过提交纳税申报表、其他适用的纳税表格或其他适当的行为，选择公司财政年度。

主席宣布下一项议题是授权公司管理人执行并送达契约、转让书、期票、信托契约、抵押协议及其他达成公司目标与宗旨的必要文书。经讨论和正式提议、附议，一致决定：

批准并授权公司管理人，且仅限于公司管理人，于任何时间随时代表公司执行公司行为，包括与任何当事人进行谈判以达成租约、抵押协议、期票或其他协议。以上协议需包含管理人认为在促进和完成公司经营行为时必需的条款及条件。

主席宣布下一项议题是确立董事会例会的时间。

公司董事会的会议举行地点为公司总部，或董事会多数成员决定的其他地点。董事会会议可随时举行，由董事长召集，且无需另行通知。

鉴于会议别无其他议程，经正式提议和附议，主席宣布会议到此结束。

书记员　吉尔·琼斯

批准人：

＿＿＿＿＿＿＿＿＿＿

主席　杰克·史密斯

XYZ公司股东年会会议记录

经有效通知，以上名称的公司于201__年__月__日，__时__分在_____举行股东大会。会议由董事会选举的董事长召集，下列股东出席会议并达到公司股东多数。

杰克·史密斯
吉尔·琼斯

吉尔·琼斯被选为会议临时书记员，对公司会议进行记录并存档。会议对下一年董事会的选举事宜进行了讨论。鉴于现任董事会在上一年度表现良好，且愿意留任，经正式提议、附议，一致决定：

下列人员被选为下一年度的董事：

杰克·史密斯
吉尔·琼斯

会议对于截止至今日（含今日）上一年度间董事会的表现进行了进一步讨论。董事会较好地履行了工作。因此，经正式提议、附议，一致决定：

股东认可董事会上一年度的工作。

鉴于会议别无其他议程，经正式提议和附议，主席宣布会议到此结束。

书记员

XYZ 公司董事会年会会议记录

经有效通知，内华达州公司 XYZ 公司的董事会年会于公司股东年会结束后立即召开，召开时间为 201__年__月__日。

以下董事亲自到场或通过电话参加了本次会议。

杰克·史密斯

吉尔·琼斯

会议由董事长召集。会议选举了管理人，任期至下次股东年会召开时终止。以下提名经过提议、附议：

姓名	职位
杰克·史密斯	董事长
吉尔·琼斯	书记员 / 财务主管

鉴于已无其他提名，以上人员被一致选举担任与其姓名对应的职位。被选举的管理人立即接受以上指定的职位。

[在此插入其他具体的公司事务]

会议对上一年管理人代表公司所做出的行为进行讨论。

经过进一步讨论，会议决定：

认可管理人在上一年度代表公司所做出的行为。

鉴于会议别无其他议程，会议到此结束。

书记员

很简单吧？你刚刚拯救了你的房子、车子和银行存款。现在你的妻子不会因为你搞砸了一切、让公司面纱被揭开而离你远去了。你要做的只是准备好会议记录，遵守公司程序。

> **富爸爸小提示**
>
> ● 将会议记录保存在安全的地方是非常重要的。显然，把它们丢失或放错地方有违你的保护战略。
>
> ● 公司会议记录簿用于保存你的会议记录、公司章程、内部章程及其他公司文件。它一般会花掉你75美元，但如果你的公司因此而变得组织完备，这也算物有所值了。

再说一次，一定要记住会议记录是你的朋友。会议记录可以说明公司尽到了应尽的职责，进而在诉讼面前保护管理人和董事。以下所列出的是管理人和董事需要重新回顾一遍且需要在会议记录中有所体现的部分项目。

- 选举公司管理人；
- 修订公司章程；
- 修订内部章程；
- 施行某种股票期权方案；
- 同意发行股票及授予认购权和期权；
- 宣布进行分股或派发股息；

- 签订买卖协议（见第 12 章）；
- 同关键性雇员签订雇佣合同；
- 同意签订合同、租约及其他契约；
- 大额借款及与此相关的担保设定；
- 扩展经营范畴；
- 大额资产的买卖；
- 组建子公司；
- 公司合并或改组；
- 对股权要约收购[①]的回应；
- 对代理权争夺的反对意见；
- 同意签署委托声明书；
- 做出对公司经营有关键意义的其他行动。

所以不要怕。公司程序并没有那么难。这一切对于取得有限责任保护来说都是值得的。接下来，我们将继续讨论"保护"这个话题……

编者按

公司之所以会为你提供一个保护的屏障，使你的个人资产免受侵害，是因为它同你是两个独立个体，如果你无法把握这一实质，那么恐怕就无法享受公司这种经营模式带给你的种种便利。

公司程序就是能把你和公司二者分开的一个重要保证。目前美国各州都已将揭开公司面纱适用于有限责任公司。也就是说，无论

---

① 要约收购（tender offer）：指收购方通过向被收购公司的股东发出购买其所持该公司股份的书面意思表示，并按照其依法公告的收购要约中所规定的收购条件、收购价值、收购期限以及其他规定事项，收购目标公司股份的收购方式。

是哪种公司形式，只要投资者承担的是有限责任，而又无法很好地履行公司程序，如没有将公司的资金同个人的资金分开、没有定期召开会议、没有规范的会议记录等，都会导致公司这个保护屏障失去效力，使投资者承担个人责任。

涉及到股份公司还存在其他几种可能会被揭开公司面纱的情况，包括公司完全沦为股东的代理或工具、虚假公司、为不合法目的而设立的公司、业务混淆的母子公司和专业服务公司、资金严重不足等。

我国立法在公司程序问题上的态度较为宽松。对未履行公司程序的公司主体虽保有规范态度，但不会因此而揭开公司面纱。也就是说，一旦公司程序未被满足，公司可能被罚款、整顿，严重者甚至被终止，但不会就此令投资人失去保护屏障，以个人资产承担个人责任。这样的立法态度旨在保护既有公司的稳定性，及市场交易的稳定性和效率性，是效率优先原则的一种体现。

很多投资者在创业之初，没有体会到这些程序的重要性，往往视其为繁文缛节，希望在形式上能省则省，这样的想法一定要戒除，如果你想做一个成功的投资人或创业者，那么这些公司程序上的任何细节都请你一定要做好。

第8章
保护你的公司名称

在组建股份有限公司、有限责任公司或有限合伙公司的过程中,一个非常重要但又常常被忽略的方面就是选择正确的名称。

公司名称有什么大不了的呢?不小心的话你会碰到一大堆头疼的问题。

案例12 凯西和皮特

凯西和皮特决定开办一家电脑租赁公司,取名为"康普科公司"。他们致电州务卿办公室询问这个名称是否可用,得到的回答是可以。他们以"康普科"的名称成立了公司并开始经营。他们以为已经用自己中意的名字组建了公司,以后就不会有什么问题了。

但名称的问题还远没有解决。凯西和皮特是生意场上的好手,公司发展势头不错,并且已经开始引起同行们的关注。其中有一家实力雄厚的大公司,位于加州硅谷。他们对康普科公司格外关注,因为他们的名字恰好也是康普科,而且他们已经为该名称进行了联邦商标注册。

加州的康普科公司向凯西和皮特发来一封制止令,要求两人停止使用"康普科"这个名称。他们宣称自己已经进行了联邦商标注册,因此拥有此商标在全美境内的一切权利。他们说得一点没错。

在硅谷，有关知识产权的一切都无比重要，而且很容易引发官司。这家硅谷的公司还要求凯西和皮特为侵犯"康普科"这个名称向他们赔偿50万美元。

凯西和皮特惊呆了。他们拿不出这笔钱。这个名称只不过刚在本地使用了16个月而已，怎么会给别人带来损失呢？

凯西和皮特立即找了一名律师。律师审阅案情之后，告诉他们必须立即停止使用"康普科"这个名称。律师说公司名称只是：在州务卿办公室备案中不会引起混淆的一个名称。这和经营没有一点关系。不过在经营中你确实需要一个商标。

商标是用于区分某项产品或服务的文字、短语、符号或图案。商标通常是一个名称或标志，但也可以是其他具有明显特征的形式，例如某种包装的形状或标签的设计与颜色，代表所提供的服务的标记有时也被视为服务商标，其法律效力是相同的。

律师说如果你没有确认公司名称是否可以用作商标，而别人正在使用这个名称，那你就有大麻烦了。

不过，他看出了加州康普科公司来函的目的：保护商标。如果商标持有人知道别人正在使用这个商标，他必须采取一切措施去保护它——否则将失去自己对商标的权利。康普科公司发这封信函就是为了保护自己。

律师给康普科公司打了个电话，解决了所有的问题。凯西和皮特马上停止了使用这个名称，也没有交那笔钱。一切到此为止。

但重新创作商标、在所有宣传册和广告上改换名称，以及支付律师费却花掉了他们2.5万美元。如果他们及时做好商标搜索和注册的工作，这些钱完全可以省下来。

在一个竞争激烈的市场上，没有什么能比顾客对你的产品或服务的迅速识别更重要。美国的公司每年用于树立产品或服务形象的钱有几十亿美元之多。商标是让顾客迅速识别某种产品的基本方式。

但如果保护不当,商标也会丢失、也可以被窃取甚至被削弱。联邦商标注册是保护商标最有力的工具。联邦商标注册的好处有:

- 保护商标在顾客心中的认可度和商业信誉。
- 保护你在广告和促销中的投资。
- 防止与将来可能使用你的公司名称的其他公司发生纠纷。
- 预留你打算以后再使用的名称。
- 从授权他人使用商标中获利。
- 可以向所有后使用商标的人发出推断性拥有权①通知。
- 有权展示联邦注册标志 R。
- 连续使用 5 年后商标即具有"不可抗辩性"②。
- 在有关商标的诉讼中拥有"推定所有权"。
- 允许注册人在产生纠纷时选择联邦法庭审理。

商标搜索

在为公司、产品或服务选择名称之前,你必须做一次商标搜索。就像在康普科的例子中那样,一次全面的商标搜索可以让你提前知道哪些名称不可用,从而避免日后修改名称所带来的麻烦和费用。如果你选择的名字已经被别的公司使用了,你可能会被拖入诉讼并被迫改变商标。商标搜索可以帮你确定你选择的名称是否与其他公司的商标有冲突。

---

① 推断性拥有权:一种法律规则,即法院不根据事实来判定买方是否知情,而是根据法律要求的一种责任来判定。

② 指商标注册之后经过 5 年的连续使用,其间如果没有他人提出抗辩,其后他人便不能对商标以缺乏显著性为理由对商标的有效性提出抗辩。

我们还建议你在商标注册前也做一次商标搜索。这可以让你提前知道潜在的纠纷，从而节省大量的时间和金钱。

小型公司常犯的一个错误是过分信赖州政府提供的名称搜索服务。对于商标搜索来说这远远不够，因为州政府只能提供在本州注册的公司名称的数据。你必须在一个强大的电脑数据库中做一次更加全面的、范围涵盖全美50个州的检索。

注册程序

联邦商标注册的第一步是向专利和商标局提交申请。商标审查员会对你提交的申请进行审查。审查过程中你也许需要与审查员进行书面文件的往来。审查员会决定拒绝申请还是立即批准。

申请一旦获得批准即进行公示。公示允许任何人提出反对意见。一般大多数申请并不会遭到反对。如果没有收到反对意见，商标就会在联邦登记中进行备案。

注册程序一般需要花费1~2年的时间。

申请类型

联邦商标注册申请的类型有两种："已经使用"申请和"意向使用"申请。如果商标目前已经在州际商务中被用于产品或服务，则应提交"已经使用"申请。如果商标尚未被应用在州际商务中，但申请人有使用商标的真实意愿，则应提交"意向使用"申请。

意向使用申请允许申请人设立一个优先权日期。虽然申请人现在并未使用商标，但如果其他人在申请日期之前并未使用过此商标，那么申请人将享有优先权。意向使用申请每隔6到36个月更新一次。

开始申请

为了开始申请程序，你必须完整搜集以下的信息和样品：

- 申请人姓名、地址和电话号码。如果申请人是公司，还必须有公司成立时所在州的名称。

- 公司所使用商标的准确拼写。如果商标包含图形标志，你还需要准备一幅清晰的图形标志图样。图样必须能放置于绘图纸上，清晰度必须满足影印的要求，且大小不得超过 10.16cm×10.16cm。如果你无法提供符合这些要求的图形标志图样，商标局的画师可以为你画出适当的图样。

- 商标现在或将来准备应用的产品或服务的完整清单。清单应尽可能完备。

- 商标应用在产品上的方式。例如，印刷在产品上、印刷在产品所附的标签上、印刷在包装物上，等等。

- 商标首次被使用的日期和地点，及首次在州际商务中被使用的日期。州际商务的意思是跨越州际线或在别的国家进行产品销售。意向使用申请不需提供首次使用日期。

- 3 份附有商标样品的产品。应用于产品上的商标样品可以是标签、包装盒、产品图片或产品自身（限于平面产品）。服务商标的样品可以是推销材料，如宣传册或广告。3 份样品可以相同。意向使用申请不需提供样品。

费用

目前专利和商标局对每份商标申请收费 325 美元。我们公司提供的名称和商标搜索服务收费 650 美元，申请准备服务收费 325 美元。如需对申请进行审查答辩，则按小时另行收费。其他律师事务所或商标服务商的收费也许会比以上报价更低。

> **富爸爸小提示**
>
> ● 你应该考虑对你的名称和标语进行商标注册，就像对自己的房子进行装修一样。
>
> ● 注册的商标和名称就像一间重新修葺的厨房，它可以使房子的价值增大，而且增加的价值比你整修厨房所投入的要大一倍。商标也可以以相似的方式提高你公司的价值。

许可授权

商标持有人有权对他的商标进行授权使用或出售。如果商标并未完全发挥作用却又独具某种魅力，那特许使用或出售商标对持有人就是个很好的选择。谈判、起草授权及签署协议的时候一定要寻求专业帮助。麦克·莱西特的《保护你的头号资产》为你提供了有关整个知识产权领域的精彩介绍。

那么现在，你的公司已经有了一个好名字而且已经得到注册，现在你又需要帮助了……

编者按

涉及到公司名称的保护，就涉及到一些商标法上的问题。美国商标注册为两级注册制，也就是联邦注册和州注册。联邦注册分为主注册簿和辅注册簿，两者的差别主要在于显著性的强弱。在主注册簿上注册的商标必须具有实际的识别能力，而在辅注册簿上注册的商标只具有潜在的识别能力，且后者得到的保护要远远少于前者。中国的商标是单级制注册，也就是说国家有统一的商标注册的审查核准权，商标只有经国家商标局核准注册才具有排他性。

就中美两国的商标注册原则而言，美国适用的是"使用在先原则"，商标的实际使用及意向使用，基于在先6个月的优先申请权，可以使你的商标得到核准注册；中国使用的是"申请在先，兼顾使用"原则，在先申请，无异议的注册申请，能够使商标所有者获得商标的专有权。

　　作为投资者来说，公司名称的注册不可等闲视之，一旦忽视，就可能出现假冒者的侵害，抢先注册者得利，甚至无意间侵害了他人公司名称，要承担巨额赔偿的可能。在这里，为你提供几点注册策略以供参考，包括将公司名称在公司可能涉及的业务领域、空间领域内抢先注册等辐射形注册的方式来保证你利益的最大化。

第9章
筹集资金

你已经制订好了商业计划、召集好了公司团队并且也决定了公司将采用什么形式——现在你需要钱了。

怎么做呢?

你可以出售公司的所有人权益。如果是股份有限公司,你出售的是股票;如果是有限合伙公司,你出售的是合伙权益;如果是有限责任公司,你出售的是成员权益。但你千万不能马虎,为公司筹集资金并不简单。实际上,用错方法可能让你锒铛入狱。因此阅读并理解本章的内容是非常重要的。当然这也不像航天科学那么深奥,只要看看你周围的公司就知道,大部分都是通过出售股票或有限合伙权益或成员权益开始经营的。这完全可行而且这些方式每天都在被人们使用。

你同样可以这样做。我们将在下一个案例中教你怎么做。

首先来了解一些背景信息。

联邦法律和州法律在证券方面都有所规定。鉴于越来越多的欺诈行为将天真的投资者手里的钱一卷而空,美国证券交易委员会(SEC)应运而生。(想一想那些老故事吧:人们蜂拥认购布鲁克林大桥的产权,退休天堂最终不过是佛罗里达州的一片片泥泞沼泽,或者本以为可以获得5倍于投资额的收益,结局却重演了梅尔·布鲁

克的电影《金牌制片人》①里的情节。)美国证券交易委员会解决这些问题的办法是让公司提供以下信息:

1. 向潜在投资者"充分披露"公司历史。
2. 合理的回报预期,且须明显标注"预期"或"预计"字样。
3. 关于投资风险的认真论述及警告。

这听起来好像挺麻烦,但与饱受争议又极其繁琐的政府审查相比,你就不会觉得麻烦了。政府怎么会知道投资是否稳妥呢?在自由市场经济中人们最不愿看到的就是政府插手我们的投资决定。政府只会一遍又一遍地告诉我们应该去投资年回报率为2%的社会保障基金。但是只要你向投资者披露了足够的信息,谨慎的证券交易委员会就会宣布你已经进行了信息披露,投资者可以自行选择并自担风险了。他们保护的是寡妇和孤儿,不是傻瓜。

虽然很多州采用联邦政府的信息披露法,但也有一些州规定你不仅需要向政府证明你已经进行了充分披露,还必须让政府相信这项投资对其公民来说是安全的。这项工作被称为"事实检查",所设定的高标准将会耗费你巨大的时间与精力。你也许会问州政府怎么知道哪项投资是好的,哪项投资是不好的呢?没人说得清,不过既然这也是政府的工作之一,它就会作出判断。

进行事实检查的州

如果你的公司并非在 D 条款 506 规则的规定下发行证券,那么

---

① 《金牌制片人》(The Producer):讲述了一位落魄的制片人联手某"高级经济师",计划吸引风险投资来拍戏,然后准备将戏搞砸好让投资都进他们自己的腰包,谁料他们拍出来的戏大获成功,他们的计划也因此暴露。两人双双进了监狱。这部电影 1968 年由梅尔·布鲁克首次导演,成功获得奥斯卡最佳原创剧本奖。

与此有关的交易及所准备的披露材料就很有可能会受到你想要向其出售证券的几个州（甚至可能是所有州）政府的事实检查。在事实检查中，你的交易及披露材料会受到各州证券机构的严格审查，包括准确性、披露程度、是否违犯州法。不仅如此，检查还会判断公司通过私募①、筹集资金、发行证券的商业计划是否具有可行性。实际操作中，这不仅要耗费大量时间，而且费用高昂。

目前，对于不在1933年《证券法》修正案D条款506规则之下，而在其他规定下所进行的私募资金，以下这些州会进行全面，或实质性的事实检查：

阿拉巴马	肯塔基	新墨西哥
阿拉斯加	缅因	纽约
亚利桑那	马萨诸塞	俄亥俄
阿肯色	密歇根	俄克拉荷马
加利福尼亚	明尼苏达	俄勒冈
佛罗里达	密西西比	田纳西
夏威夷	密苏里	华盛顿
印第安纳	内布拉斯加	西弗吉尼亚
堪萨斯	新罕布什尔	

因此你必须好好考虑如何处理这些州的认购者，或者是否值得在506规则之外的其他规定下进行私募。有时候对私募备忘录进行事实检查的费用甚至会超过私募所筹集的资金。

一定要把这一点记在心里，你需要基于检查标准，把某些州的

---

① 美国的私募是指向小规模数量的合格投资者（通常35个以下）出售股票，此方式可以免除在美国证券交易委员会的注册程序。私募的目的是投资而不是再次出售股票，私募的投资基本上没有流通性，私募也不可以公开招募投资人。

认购者将会带来的费用考虑在内。当你开始寻找外部融资时，事实检查所耗费的时间与金钱将是你需要考虑的一个重要方面。

不过让我们首先从"发起人股票"开始吧。发行"发起人股票"的原因有两个：

第一，发起人能够以非常低的价格得到股票，可以是票面价值[①]或 0.001 美元的发起人价格（每股 1/10 美分）。如果你以发起人的身份在公司创立时期取得股份，而且将承担创业的风险，那么你当然希望尽力降低自己的投入成本。发起人以 0.001 美元取得 100 万股的成本只有 1000 美元。即使每股 1 美分，100 万股的成本也只有 10000 美元。并非所有人都希望——或应该——投入那笔巨资，你最好先投入 1000 美元然后瞧瞧公司的经营状况。

请注意，你不能以低于票面价值的价格认购自己的股票。你要支付至少 0.001 美元/股。还要注意，当你给自己发行股票作为自己工作（公司的组织，管理或促进经营）的回报时，你必须为所募得的这笔股资纳税。所以如果以 0.001 美元/股发行 100 万股，你必须为 1000 美元的收入缴纳所得税；这比为 100 万每股 1 美分的募资，也就是 10000 美元缴税，要划算得多。

使用发起人股票的第二个原因是可以建立一个稳定的团队，以持有公司所有权并掌握足够的控制权，避免公司的所有权、控制权和未来发展轻易落入其他投资者手中。

在我们优秀的公司中，在发起人权益方面需要注意些什么呢？

有限合伙公司

有限合伙公司实际的经营控制权在普通合伙人手里。而且就像上文中说过的，有限合伙公司的一大特点就是，只要有限合伙人不

---

① 票面价值：公司最初所定股票票面值。又称面值，即在股票票面上标明的金额。

插手公司经营，他就可以得到有限责任保护。所以如果你使用的是有限合伙公司，只要注意一点就可以：如果有一名以上的普通合伙人，你要用严格的协议规定好各人的权责、如何实施表决控制权、普通合伙人之间的利润分配方式及有限合伙人之间的利润分配方式。一般来说，你可以找你的好朋友合作，并把所有的重要事项落实在书面上。因为有限合伙人并不"控制"公司，只是在公司解散时取得分配的利润及其他权利，因此发起人权益在有限合伙公司里并不是个复杂的问题。

有限责任公司

有限责任公司情况就不同了。组织章程与经营协议的存在使这种类型的公司更加民主。只要是公司成员就拥有权利。不论成员出资额是多少，你都要把公司各个成员拥有的权益的价值分别确定下来。通常有限责任公司的投资者是少量拥有共同事业目标的人，因此发起人权益基本上涉及所有创始成员的权益。有限公司的成员都拥有表决权，也有权不经过管理人便批准重大决定，所以在控制权方面，即使你是管理人，也应该考虑其他成员控制能力的大小与比例。

有时有限责任公司会让一部分拥有表决控制权的成员集体担任管理人。你可以作出强制回购的规定，也可以规定在某成员出售权益时，有限合伙公司或其成员拥有优先购买权，以此来增强你的控制力，并防止你不想与之合作的投资者进入公司。因此，对于有限责任公司来说，创始人需要考虑的最重要的事情就是确保拥有正确的公司团队成员，且确保管理权和成员权益受到妥善保护。但你也不能过分占有公司的控制权，否则未来的投资者会望而却步了，你需要对此作出权衡。

股份有限公司

对股份有限公司来说,发起人股票的概念非常清晰。发行发起人股票的部分原因,是使其作为一个股票壁垒以保证公司发起人掌握一定的公司控制权,特别是在公司创立初期和上市前夕。公司的创始者团队最不想看到的就是第一轮融资后就失去了公司控制权,控制权可以在多轮融资后转移,但决不能一开始就丢掉。

发起人股票还是一种回报,回报发起人在公司创立初期的付出,这种付出比金钱更重要——心血、汗水和眼泪,还有发起人的技术和奉献精神,在公司前途并不明朗的情况下,所有这些都是一个公司成功的必备因素。

因此,为了满足发起人股票的以上两点,你可以发行较大数量的发起人股票,在多轮融资之后仍能满足你所期望的比例。

也许你很想把表决权牢牢控制在自己手中,但必须明白你不可能一直抓着表决权不放,特别是在公司有望上市的情况下。承销商和普通投资者通常会对权力高度集中的上市公司敬而远之。然而,在这种阶段又最需要抓牢公司的控制权。风险投资人通常的做法是先投入一大笔钱(对一家刚刚起步的公司来说),取得一大部分股票,然后就到此为止,一旦他们发现公司管理层存在问题,董事和风险投资人掌握的股票壁垒完全可以将公司从你手中夺走,而此时也许公司经营了还不到半年。所以也有人称风险投资人为"兀鹰资本家"[1]。前期私募投资人的情况也和风险投资人差不多,所以你一定要注意自己所需的控制权比例,还要注意有多少股票可以卖给值得信赖的其他发起人以及随后的私售[2]问题,免得让公司落入陌生人的手中。

下一步,你需要创业基金了,也就是种子基金,用这些钱来让

---

[1] 兀鹰资本家:指嗅觉敏锐的创业投资家。

[2] 私售:即债券的直接销售,意为将债券全部售与法人团体投资人而不公开出售。

公司运转起来并创造利润。相对于银行贷款，你使用种子基金获得资金的可能性更高。发行股票并找到合适的投资者需要花费巨额的费用，因此公司首轮融资的对象通常是被称为"天使投资人"的那些人：朋友、家人、生意场上的老搭档、你的大学室友等。他们和你的发起人并不完全相同。这些人可是拿着实实在在的钱在冒险。因此通常情况下他们认购股票的价格也比其他普通认购者低得多。

下面案例中的公司是一家有望上市的公司，我们来看一下吧。

案例13　Z科技股份有限公司

罗伯特、山姆和汤姆拥有一个绝妙的主意并且已经为其申请了专利。拥有专利意味着他们掌握了一门技术。既然拥有一门技术，他们就必须在公司名称中加入"科技"或与之类似的字样。

于是他们就以股份有限公司的形式成立了"Z科技股份有限公司"。

接下来需要向发起人发行股票、筹集资金来对这项技术进行商业开发。

3个人都不希望在起步阶段就失去公司的控制权。他们了解这项事业，了解自己的技术。如果好好把握，这将是他们千载难逢的好机会。3个人都会得到丰厚的回报。如果出什么差错，他们就只能辛苦劳作度过后半生了。

Z科技股份有限公司在内华达州成立，总共发行了2000万股的普通股和500万股的优先股。

这2500万股股票的票面价值是0.001美元/股，即票面总值25000美元。这个数额非常适合公司的下一步发展。请注意，我们不需要研究股票的票面价值，那已经是一个相当陈旧的概念了。你参加公司成立酒会时只需要知道以下两点：

1. 你不能以低于票面价值的价格出售股票或发行发起人股票。
2. 票面价值这个概念已经过时，没必要再去研究它。

罗伯特、山姆和汤姆同意每人认购 20% 的普通股，即每人 400 万股，因此每人的出资额为 4000 美元。虽然公司应该为他们所做的工作给予他们股票（他们必须为此缴税）作为报酬，但鉴于现在公司资金并不宽裕，他们每人支付了 4000 美元购得 400 万股，合每股 0.001 美元。

他们每人认购了 20% 的普通股，因此当 2000 万股普通股全部发行后他们拥有了公司 60% 的控制权。当公司只发行 1200 万股时，他们每人拥有 1/3 的已发行股票。随着发展需要公司会发行更多股票，他们各 1/3 的所有权也会因此被稀释。但在 500 万无表决权的优先股转换为有表决权的普通股之前，即使 2000 万普通股被发行完他们也可以保持对公司的控制权。

为了在今后拥有一些灵活性，他们发行了优先股。这部分优先股没有表决权，因此他们不必担心发行股票会让自己失去控制权。如果这些优先股在未来转换成有表决权的普通股且公司发行了所有股票，他们才会失去控制权。如果只拥有 2500 万股中的 1200 万股，他们可能会被罢免。但别忘了，天使投资人也拥有一些股份，而且很可能在股东纠纷中和他们站在一起。不过这还都是些说不准的事情。

罗伯特、山姆和汤姆给自己发行了发起人股票后便立即开始向他们的天使投资人发行股票。罗伯特的妈妈艾瑟儿愿意投资 1 万美元。山姆的哥哥勒宁也愿意投资 1 万美元，但前提是可以获得期权。马森是汤姆最好的朋友，只要汤姆一句话，马森多少钱都愿意投进去。三个发起人觉得让公司开张总共需要 5 万美元。他们已经一共投入了 12000 美元，因此近期内还需要 38000 美元。

这 5 万美元可以支付公司起步阶段的费用和之后 6 个月的日常开支。为了省钱他们放弃了自己的工资。在证实该方案真正可行后，他们还需要 100 万美元才能进一步开展这项事业。

于是下一步的工作就是计算天使投资人认购股票的价格和第一轮融资的认购价格。他们想给自己的天使投资人一个较低的价格，同时也希望进行 100 万美元融资时用一些优惠条件吸引投资者。

罗伯特、山姆和汤姆将天使投资人的认购价格定为 5 美分 / 股，将第一轮融资认购价格定为 25 美分 / 股。经过几轮融资之后公司股东情况如下：

估计时间	融资	名字	股票数量	每股价格	募集总数
第一天	发起人	罗伯特	400 万	0.001 美元	4000 美元
	发起人	山姆	400 万	0.001 美元	4000 美元
	发起人	汤姆	400 万	0.001 美元	4000 美元
第十天	天使投资人	艾瑟儿	20 万	0.05 美元	1 万美元
	天使投资人	勒宁	20 万	0.05 美元	1 万美元
	天使投资人	马森	36 万	0.05 美元	1.8 万美元
天使投资人融资 6 个月后	第一轮融资	投资者	400 万	0.25 美元	100 万美元
		总共	1679 万	—	105 万美元

请注意，如果勒宁得到股票期权，比如说，在未来两年里以每股 10 美分的价格认购 10 万股的权利，那么其他天使投资人也必须得到同样的期权。你在同一轮融资中必须平等对待所有的投资人。在任何一轮融资中你都不能更改价格或其他条件。如果有人获得了期权，那么所有人都必须得到期权，人人平等。这不仅是法律规定，从现实角度出发，平等对待也能取得投资人的好感。没有人愿意看到旁边的家伙付出同样的钱却比自己多得到一些股票期权。

另外，作为一家非上市公司，你应该保持股票价格的稳定性。如果你是上市公司并在交易所进行交易，股票价格可以每天上下自由浮动。但非上市公司的股票价格是由发起人或公司管理层决定的。如果你在某轮融资中将股价抬高，然后在下一轮又降低股价，除非有合理的经济原因，否则这种行为是非常不妥的，对股东也很不公平。你可以站在股东的立场上换位思考一下，如果你认购股票的时候价格是 1 美元 / 股，现在却要以 5 美分 / 股出售，当然非常不公平。

同样，在《证券法》下，你不能在同一时间对同一只股票采用多种价格。你也不应该一次接着一次的发行股票。美国证券交易委员会建议每次发售股票后的 6 个月内不应进行新的股票发售。这一点的重要性及其他证券条款，你可以去咨询你的法律顾问。

罗伯特、山姆和汤姆不想违反《证券法》。所以他们授予勒宁期权的时候也给了艾瑟儿和马森同样的待遇。同样，对天使投资人的融资结束之后，他们等了 6 个月才开始另一轮融资。

他们雇了一名证券顾问来处理融资过程中的复杂事务。Z 科技股份有限公司打动了一些投资人。公司发展和赢利完全符合预期，而且不久之后就得到了证券交易委员会的授权，允许其进行首次公开募股[①]。罗伯特、山姆和汤姆发了大财。

有限合伙公司和有限责任公司的融资

有限合伙公司和有限责任公司并不进行多轮的融资。因为股份有限公司是可以公开上市的，所以通常随着融资次数的增多，股价也逐渐提高。但有限合伙公司和有限责任公司并不允许权益的自由

---

① 首次公开募股（Initial Public Offerings，简称 IPO）：指企业透过证券交易所首次公开向投资者增发股票，以期募集用于企业发展所需资金的过程。

转让，这对其上市造成了很大的困难。

同样，有限合伙公司和有限责任公司后期的投资人与前期的合伙人或成员待遇几乎一样。对于这两种可以转移利润的公司来说，如果你拥有公司10%的权益，那么你得到的回报是转移的利润，而不是权益的增值。在这两种公司形式下，投资者应着眼于长期投资并在公司开始赢利后考虑其收益的稳定性。有限合伙公司和有限责任公司的关键不在于以更高的价格吸引更多的投资者，而是让你手中握有的公司所有权为自己带来更多的利润。

如何吸引投资者

吸引投资者的第一步是为每一位投资者提供一份商业计划书，即使他只是一位小投资者。另外为每一位投资者提供能证明计划可行性及公司成立的法律文件（公司章程、内部章程、州务卿办公室批准文书等，视情况而定）。

文件中应包含合乎实际情况的财务报表，以显示公司所需的启动资金；你预计募集资金的最高及最低数额；未来半年、一年或更长时间内对公司经营情况的合理预期，包括最佳和最差预期。记住，你预测得越远，报表的可靠性越低。

一定要在报表中注明以下内容：

1. 本预测不能保证其内容完全可靠；
2. 阅读报表时请注意公司经营有可能无法达到预计目标；
3. 公司存在失败的可能性。

你也许不喜欢这种措辞，想想布鲁克林大桥和佛罗里达沼泽地的教训吧。你必须让投资者在投资之前对这些重要的方面有所了解，使其意识到伴随信任而来的风险，并警告他不要过分相信预期。投资者完全有可能血本无归。

前面我们讨论过信息披露及政府对融资者强制实施的事实检查。不管在哪种标准下，你都至少要把你能想到的全部风险告知投资者。你要相信投资者会欣赏你在这方面的坦诚；如果他们知道你脚踏实地并头脑冷静地分析了所有的可能性，他们反而可能会更愿意向你投资。因此，信息披露不仅是必需的，它还能帮你找到谨慎的投资者。当然，经常看招股说明书[①]的老练投资者对风险与警告内容会一扫而过。每本招股说明书都有这些内容。

接下来起草一份认购合同。这是一份正式文件，包含未来投资者应该得到的所有材料。认购合同应包含声明，内容是投资者已经仔细阅读，完全有机会提出疑问，并审查了你提供的所有材料。认购合同的签署表明：投资者已经意识到投资风险，但仍然独立做出投资的决定。合同中还应包含投资者的投资金额及投资回报，如普通股或优先股。

确认投资者在合同上亲手签署姓名及日期，并在给你合同的同时已经付款。最后在合同结尾处做出公司接受合同条款的声明，并以你所担任的公司职务的名义签署你的姓名及日期。将签订的认购合同和投资者的支票各复印一份，与其他重要文件放在一起。现在，而且只有现在，你才能拿着支票去银行把钱存到公司账户上去。你应该尽快给公司新合伙人或新成员发行股票，注明公司名称、投资者姓名、股票发行日期及投资人现在拥有的股票类型和数量。你应该像对待一根金条一样对待股票，一定要万分小心。妥当填写并确保拼写无误，在交给投资者之前署好姓名及日期。邮寄的话也不要吝啬邮费。多付些钱挂号寄出并要求收件人发送收信回执。对待每

[①] 招股说明书（Prospectus）：新股公司为首次公开招股而出版的正式文件，由发行证券或基金的机构提供给潜在投资者，说明发行的细节。一般会包括发行条款、筹集资金的用途、发行人介绍及相关的财务报表等。

一张股票要同样细心并分别按顺序编号。

最后准备一个股票账簿,记录股票编号、投资者姓名、发行日期、投资额和每位投资者的股票类型与金额。你所在的州也许也会要求你提交这些信息,还要填写另外的表格,甚至表格和投资文件内容还要得到预先的批准,而且你很可能会为此多支付一笔费用。有些州在这方面的规定经常更改,所以在发行股票前你要同你所在州的州政府和/或证券律师确认审批和提交文件方面的最新要求。

如果你的投资者不止来自一个州,那么你要在文件中,特别是认购合同中注明,本次股票发行是按照1993年证券法修正案D条款506规则的规定进行的。

506规则允许你在未向证券交易委员会注册或取得批准的情况下跨州发售股票。更好的一点是,506规则具有比全美50个州的法律更高的效力;因此在每个州,甚至在那些进行事实检查的州,州政府最多只能要求你提交一张简单的表格,交一点手续费。他们没有权利提出任何其他要求。在同你的第一个投资者达成认购合同后的15天内,你需要做的只是向证券交易委员会提交表格D的一个副本——没有任何费用。提交表格的这个期限还可以给你带来一个好处——在同第一个投资者达成认购合同后马上提交表格,这时你只需要提供这一个投资者的信息,而不需要在以后花费大量的时间填写每一位投资者的信息。证券交易委员会不要求——或者根本不想——你对D表格进行修改或补充。你只要及时提交就行了。对你的公司来说遵守期限会越来越重要。你一定不想一开始就像个马虎大意的外行。

关于506规则还有另外3点你应该注意。

第一,联邦法律规定,股票发行的对象中非合格投资者的数量不得超过35名。

第二,如果你在6个月内进行了多次股票发行且性质相似,那么在股票发行结束后的 6 个月内，非合格投资者数量将被累积计算（这被称为集成规则）。因此你对目前拥有的和今后进行首次私募时加入的非受信投资者的总数要倍加小心。

目前你需要从家人、朋友那里募集资金，他们大多数都是非合格投资者。虽然你的公司现在需要启动资金，但不要把 35 个非合格投资者的名额全部用光，也不要占用太多，否则在下一轮融资时你就几乎只能找合格投资者用高价认购足够的股票，那会影响融资效果。虽然通常作为非合格投资者的天使投资人的数量都不会太多，但一定要记住你所筹集的资金在本次融资结束后至少要使用 6 个月才能进行下一轮融资，这样你才不会有非合格投资人超额的担忧。而且你所在的州也许对非合格投资者数量还有更低的限制。内华达州只允许 25 名本州的非合格投资者，也就是说联邦法所允许的另外 10 名非合格投资者只能来自其他州。一定要把本州对非合格投资者的规定搞清楚。

对非合格投资者数量的限制并不是没有理由的。合格投资者即使赔个精光也不会发生自杀这种极端情况，至少理论上如此。非合格投资者所承担的风险更高，政府并不希望你依靠那么多无法承担投资风险的人。否则政府对于审查并批准你的融资材料的责任将更加繁重。正是为了让年轻的公司在融资时不必经历费时费力又繁琐的程序，政府才制订了 506 规则。所以一定要记住，证券交易委员会对于 35 名非合格投资者及 6 个月的融资间隔的限制非常严格。这是 506 规则下登记豁免[①]的核心，你一定要严格遵守。

你需要向投资者说明划分投资者类型的依据。这里有合格投资者的基本定义。还有一些人虽然不是合格投资者，但承担风险的能力也非常强，以下还有对这种投资者的参考定义。

---

① 即免于在证券交易委员会下注册。

根据D条款，一名合格投资者的定义包括：

- 进行认购时个人净资产（包括房产，家具和汽车）或同配偶的总净资产超过100万美元的自然人（美国公民或永久居民，非公司）；
- 在最近两年内每年的个人收入超过20万美元、在最近两年内同配偶的总个人收入超过30万美元且本年度可以达到同等收入水平的自然人；
- 总资产超过5百万美元的公司实体，但专门为了认购股票而成立的公司不算；
- 所有的权益所有人均为合格投资者的公司。

非合格投资者就是不能满足以上收入和资产标准的投资者。虽然对非合格投资者没有设定最低收入和资产标准，但在向非合格投资者发售股票时最好设立一个门槛，例如每年的应课税收入在4万美元以上。另外某些州也许还有其他更加严格的规定。

在506条款下，公司每次进行私募时所接受的非合格投资者总数不得超过35名。在统计非合格投资者数量的时候一定要把本州的法律考虑在内。例如内华达州就将每次股票发售时的非合格投资者数量限定在25名。

有一点非常关键，当你向非合格投资者融资时，你的信息披露程度要高得多。你必须准备一份完整的私募备忘录，在证券交易委员会规定的框架和标题下书写；另外私募备忘录中还必须含有一份3个月内的财务审计报表。如果公司可以证明自己准备财务审计报表存在较大的困难或很难承担其费用，公司也可以只提供一份审计过的资产负债表给非合格投资人，同样，资产负债表也必须是3个月内的。

第三，也就是融资过程中享受登记豁免的最后一点，就是当你在506条款下向非合格投资者发行证券时，你必须向他们提供某些财务资料的审计报表。

审计——即便只是局部审计——也会带来巨大的费用。也许会有极少数的注册会计师和会计师事务所（可不是那些大事务所），会考虑接受股票来作为自己劳动的一部分回报，但如果公司接受审计这就行不通了。审计师不得拥有公司的所有人权益，否则毫无疑问将会引起利益冲突。所以一开始你就需要为审计预留一部分费用，如果可能的话再用融资所得的资金向审计师支付部分费用。

还有一个重要的方面你不能忽视：除非你进行的是公开发售且已经进行了注册（在初期你是不会这样做的），否则投资者的权益转让将会受到限制。这一般被称为144条款限制。在证券法的114条款下，投资者自购买股票时起的整整一年之内不得将股票出售。第二年中，投资者在任意3个月内出售的股票数量不得超过公司"公众持股量"的1%。"公众持股量"是除了以下几种人和公司以外持有公司股票的任何人：在公司具有支配地位的人、持有公司证券10%及以上的人（即"受益权人"）、公司的附属公司（例如你的公司所控制的另一家公司，对你的公司拥有控制权的公司、与你的公司一起对另一家公司拥有控制权的公司）。第二年之后，公众持股的投资者们在转让上所受的限制将被取消，此时股票可自由交易。

非公众持股的股东在取得公众持股股东地位之前将受到股票出售数量1%的限制。如果股东取得了公众持股股东的地位，那么3个月之后他们将获得同其他公众持股者一样的待遇。

你要在你发行的股票正面进行明显的标注，以表明你已经向所有的投资者通报了144条款限制的情况，并确保任何看到本股票的人都能意识到股票转让的限制。第二年之后你可以将带标注的股票换成没有标注的股票。

确保你在向未来投资者提供的文件中对这种限制也进行了阐述,特别是在认购合同中应着重强调这一点(还要注明投资者理解并接受这一限制)。

这一切乍看上去好像很繁琐,但把材料回顾一遍之后你会发现,其实这项工作并没有一开始看上去那么麻烦。但是在这里有一点必须着重强调一下,这一点非常重要:在以上几段提到的那些在融资时必须完成的工作中,如果你漏掉或者搞糟了其中某一项,联邦政府或州政府——有时甚至两者皆有——就很可能让你陷入大麻烦。从现在开始,你花的是别人的钱了,而以上提到的责任会伴随着你经营公司的每一步。

重新审查一遍你所制订的每股价格也是非常重要的,你需要让天使投资人认购的价格低于你在将来的融资中期望出售的价格,这需要提前进行一些计算。

想一想你打算发行的股票总数和你完成第一次重要的私募后剩余的股票数量。再想一想将此次私募资金包含在内你希望募集到的资金总额。现在回过头来,计算一下你需要多少发起人股票才能拥有对公司稳定性、董事会和初期管理人的控制权。将这些从股票总数中减掉,剩下的股票就可以用于天使投资人的认购、6个月内第一次重要的私募以及其他机动用途。

根据经验,在天使投资人方面,另一种稳妥的做法是先把公司保险箱填得满满的,让公司完全运转起来,以达到公司的初期目标、产生赢利并让你在6个月之后有足够的钱以免陷入负债的状况。虽然计划是这样,但万一营业收入不像预期般丰厚你也要有所准备。也许你需要将一些计划暂时搁置,虽然你可以做出妥善的安排让未来的投资人相信这家公司值得投资,但几乎可以确信6个月后你无法实施所有的计划。另外别忘了506条款规定的6个月的间隔期,对天使投资人融资的结束时间你应该做到心中有数,因为6

个月的期限是从那时开始计算的。很可能在下一轮融资中你需要相当数量的非合格投资者,所以尽量从天使投资人那里募集足够多的资金,以维持公司经营到下一轮融资和支付融资所需费用(一般首次私募的费用在1万美元内),这时你又可以在新一轮融资中募集35名非合格投资者。也别忘了某些州对一次私募中本州的非合格投资者还有更低的数量限制。

新成立的公司常常会发现单从股票发售中无法获得足够的资金。此时你也许会想到求助于贷款,但是如果没有强大的背景,你是很难得到银行贷款的,或者你也可以从小企业管理局那里得到一些有用的信息。你只需要签一份本票并同意支付利息就可以获得贷款。如果可能的话,你也可以规定本票到期时通过现金或公司债券支付,这样既可以向债权人证明公司的价值,也可以让资金并不宽裕的公司通过发行股票来代替大额的现金还款。

对于任何一笔贷款,你都要尽量争取最长的贷款期限和最低的月还款额。不论你的计划多么周详,新公司在财务方面总是捉襟见肘。你可不想在繁忙的公司事务中还要花精力应付你屁股后边追着要钱的债权人。还有一种类似于私募和公募的贷款形式,叫做"可转换债券"[①]。但同后期的股票发行一样,发行可转换债券之前的策划推广是一个非常复杂的过程,最好等公司更加成熟并需要进行债务融资时再考虑。

任何一次股票发行,你都要举行董事会议,在会上讨论股票发行事宜、提出发行的基本框架、颁布授权的决议并指示管理人采取一切必要行动开展工作。

此时,即使没有公司和证券方面的律师,你也能准备给发起人

---

① 即可转换公司债券,是一种可以在特定时间,按特定条件转换为普通股票的特殊企业债券。

和天使投资人的材料了,但如果有任何不确定的地方,你最好花点钱找一名专业人士,确保一切都毫无差错。只要几千美元,就可以让你免除解约、诉讼、州政府及联邦政府的调查和罚款等烦恼,实际上,以上任何一条的代价都比你一开始找一名律师所需付出的费用要高。

这样我们就可以进入证券发行的下一个阶段了。你已经准备好了书面文件、作出了商业和财务计划、确定了发起人、可靠的管理人和董事(或合伙人/管理人成员,根据情况而定)并从天使投资人那里得到了让公司开始运转的资金。下面有一点你必须注意:如果现在还不去找一名法律顾问,你将很快就会发现自己已经滑向了灾难的边缘。你再也不能指望得到梅布尔姨妈的钱和信任了。不,在这个世界里投资者需要的是毫不含糊的商业评价、对疑问的严肃回答以及可靠的投资预期。

这片海洋里还有一群四处游弋猎寻新手的鲨鱼。他们随时都会抓住你在经营或财务上的马虎、犹豫或经验不足,要么通过极小的投资攫取巨大的回报,要么就从你的手中夺走公司的控制权。(还记得之前提过的那些风险投资者么?)不要因为那些人的虎视眈眈而感到害怕,你需要的是一个现实的态度。从现在开始,你需要一名律师——在经营中提供实际帮助的公司顾问、在期货及更复杂的财务方案中提供帮助以维持公司保护的证券顾问。忘了那些关于律师的笑话吧,一名优秀的公司/证券律师将会成为你生意上最值得信任的朋友之一。

现在开始讨论你的**首次私募配售**[①]。这会耗费你相当多的时间与精力,因此在你计划开始发售之前要打足至少几个月的准备时间。

[①] 私募配售,即私募发行,是指企业通过非公开方式,面向少数机构投资者募集资金的方式。私募发行可以节约融资成本、监管成本,减少信息不对称现象,具有较高的灵活性、保密性,有助于增加融资效率。

前面说过,一般一次私募的花费在1万美元以内。如果你能让别人相信你将募集到一大笔钱,不仅可以支付律师费,还能有足够的资金维持公司几个月至一年的短期经营计划,那么一些律师事务所可以只要求你在信托账户上交付几千美元的定金,之后再从融资所得资金中收取剩余的费用即可。并不是所有的律师都愿意或都有能力接受延期付款,因此,你要为律师费、决算要求和打印费用提前做好资金准备。

控制法律费用最好的办法之一就是自己来起草商业计划书,并进行修订使其顺畅连贯、条理清晰、客观准确地展现公司情况、目前的经营局面及未来的预期。这样的话你的律师就不必耗费几天甚至几个星期来起草这些材料了。这些基本工作你完全可以胜任,而律师需要做的只是把措辞调整得更"专业"一点,添加法律说明、警示及公司计划的注解,从而省下宝贵的精力来处理细节问题。

花一些时间来检查及修改你的商业计划书也是一项很好的商业实践。它能够敦促你仔细审视你目前的处境,你的预期是否得到良好的实现,应为公司运行制订哪些计划,哪些计划需要改进或剔除,如何组织今后的公司行为,以及其他一些极为现实的财务说明及计划等。

私募对公告、广告和因寻找投资者而向任何人支付酬劳都有严格的限制。记住这个关键字:"私"募。私募中不能存在任何对投资者的一般性劝诱行为;实际上,对发售情况保持低调并限制外人了解内情是十分重要的。泄漏信息可能导致"试图进行证券销售"的问题,这在证券交易委员会和大多数州政府眼里都是件大坏事。当股票的限制被减少、解除或进行公开交易时,内部信息的保密会变得极其重要。人们可能因内部交易而入狱。即使在初期你也要保持警惕,将内部信息限制在与发售直接相关的人员之内。如果你有网站,在网站上对此类信息提也不要提;对每一份私募备忘录(私募备忘录就是你与证券律师和会计师一起准备的文件,其中包含围绕证券信息制订的商业计划、财务信息、商业表格和认购合同等)都单独进行编号;如果投资者选择不认购股票,你应该让其归还所有的材料。保存一份所有私募备忘录的编号,上面记录好每份私募备忘录的发放对象、返还日期或收到认购合同的日期。

但首先,你怎样找到投资者呢?如果遭到质询,你必须证明你与投资者之间早已存在某种关系,投资者认识你并主动向你索取材料以便参考并决定是否对你的股票进行投资。实际上,认购合同也会询问投资者是如何知道发行信息的。是不是听起来很奇怪?你怎么可能在他根本还不知道这个股票发行的时候问他是从哪里得知发行信息的呢?在实际的投资活动中,早期关系是一种主要保护措施。投资者知道并且一直在注意你的公司。他们预计不久之后就会得到投资机会,并且向你索取——书面形式的——投资信息。一个有趣的妙计被互联网带进了证券界。你不能对股票发行进行公告,但经常浏览你的网站的某个人可以(主动地)给你发一封电子邮件,索取有关投资机会的信息。你完全有理由保存好邮件,将其打印出来妥善保存。就这么简单。

你不能主动邀请新的投资者,而只能对事先无法获悉发行消息的投资者作出回应,这当然让人有些沮丧。但考虑一下,如果一切顺利,公司的成长和初期业绩可以助你一臂之力。相比之前你只能期望有人关注,这时更多的人有理由主动询问公司的情况。他们可能在报纸商业版上见过公司的消息,你和他们见面,向他们销售产品或提供服务。

实际上很多对投资感兴趣的人都会经常留意有潜力的年轻公司。投资者之间也会经常交流,他们会留意年轻公司的发展情况,从中寻找投资机会并尽量在早期介入以取得较低的价格。

另外,即使并不清楚你将启动另一轮融资,还会有很多人通过你的员工和前期投资者的家人、朋友或其他认识的人对公司和公司目前的状况有所了解。但要记住他们必须对内部信息守口如瓶，例如即将签订的大合同或股票发售本身的消息。其他人可以通过他们逐渐对公司有所了解，并索得公司联系信息，从中了解到今后是否有投资机会，但前提是你没有直接透露投资回报。只要新的潜在投资者是主动产生兴趣且你的员工和前期投资者并没有透露投资回报，也没有直接怂恿其认购股票，这就是可以接受的。他们只是提供了一个线索——进行发售时，发售本身就是很好的营销。

另外还有一种方法是通过别人引进新的投资者，但使用这个方法必须非常小心且不能滥用。如果现有投资者将认识的人介绍进来，他可以得到一点介绍费。但介绍人必须严格限制其行为。他只能向认识的人简单提及自己投资了这家公司，并且在受到对方委托后将其姓名电话和地址交给公司，除此之外他不能做任何有推销嫌疑的事情。他只能把联系信息交给公司，然后剩下的一切事务都由公司来负责，不再牵扯介绍人。当需要寄送私募备忘录时只需简单地加上介绍人的姓名就可以。如果这个人同意认购，那么介绍人可以得到一笔介绍费。

这笔费用一般非常少，是一个固定的金额或者相当于投资额1%～3%。证券交易委员会有时也会接受注册证券经纪自营商高达10%的介绍费，但最好还是别铤而走险。

私募的次数并没有真正的限制，但是一定不能忘了在任意6个月内非合格投资者的人数不得超过35名（有些州更少）。而且每次股票发行后，现有股东（包括发起人）持有的所有权比例将会相应地被稀释，因此要量力而行。

假设好几年之后，公司经营良好，也许此时已经到了上市的好时机，这也是本章讨论的最后一个证券手段。实际上公司的情况最好是非常出色。对于新手来说，上市的基本要求是不一样的，这取决于你希望通过哪个系统和交易所上市。总的来说，最后的决定取决于公司的资产价值、股东数量、股票价值及公司的总体战略。

纳斯达克小型资本市场的上市条件

纳斯达克小型资本市场（NSC）是为那些成立时间不长且资本基础较为薄弱的公司设立的。资本基础较为雄厚的公司可以进军纳斯达克全国市场。小型资本市场和全国市场是纳斯达克的两个板块。

公司如果希望在小型资本市场上市则需要满足以下几个基本条件中的一条或多条（此后还必须遵守上市规定，下文中将进行介绍）：

上市条件

- 必须拥有400万美元的有形资产净值（总资产减去总债务）。
- 或者经营时间在1年以上，且此年度拥有75万美元的净收入。如果经营时间大于1年，则公司在最近3个财政年度中必须有两年净收入在75万美元以上。
- 或者如经营时间不足1年，则公司必须拥有至少5000万美元的初期市值（如首次公募资本）。

其他上市条件

假设你已经满足了申请上市的基本要求，那么在公司首次公开募股结束时，你还需要满足以下几个条件：

- 外部人士（不得为管理人、直接或间接的股东、拥有公司所有权 10% 以上的实质股东）持有的公众持股量必须大于 100 万股。
- 公众持股的总市值必须大于 500 万美元。
- 公司拥有至少 4 名做市商参与证券交易（做市商是同其他的独立交易者进行竞价，使用自有资本对纳斯达克证券进行买卖的独立证券交易者）。做市商制度的目的是为公司证券创造一个市场，然后保证这个市场持续有序（例如防止股票抛售或股价剧烈波动）。
- 公司必须拥有不少于 300 名的股东，每位股东必须持至少 100 股股票。
- 公司成立必须 1 年以上。如未能满足此条件，则公司必须拥有 5000 万美元以上的股票市值。
- 公司必须根据纳斯达克的规定进行不间断的公司治理。公司治理是一个宽泛的概念，要求上市公司不断向公众披露某些信息。这包括——但不限定于——发布年度报告和中期报告、建立审计委员会、召开年度股东大会、委托书收购[①]、规定出席会议的法定人数、为某些交易取得股东批准、保证定时发布新闻、保证公司处于良好状况（如保持董事与审计委员会成员的人数适当等）。

上市期间的条件

当首次公开募股结束，并开始在小型资本市场上进行交易后，公司还应遵守以下上市要求：

- 保持至少 200 万美元的资产；

[①] 委托书收购，是指收购者以大量征集股东委托书的方式，取得表决权，在代理股东出席股东大会时，集中行使这些表决权，以便于通过改变经营策略、改选公司董事会等股东大会决议，从而实际控制上市公司经营权的公司收购的特殊方式。

- 或保持至少 3500 万美元的资本市值；
- 或达到每年持续净收入 50 万美元的要求；
- 保持 50 万股的公众持股量，且市值达到 100 万美元；
- 保证股价在 1 美元以上；
- 拥有两名或两名以上的做市商；
- 拥有 300 名公众股东；
- 以及满足公司治理的所有要求。

因此，向小型资本市场申请上市的公司中最容易获得批准的，是那种经营时间 1 年以上，且拥有 400 万美元以上资产的公司。这种公司需要在首次公开上市时以每股 5 美元的价格发行至少 1 百万股票，且至少发售给 300 名独立的公众股东，每位股东至少认购 100 股。300 名公众股东都必须是独立股东，不得是公司管理人、董事或内部人士，也不得是已经持有公司 10% 或更多股份的股东（但独立投资人可以在首次公开招股中认购 10% 或更多的股份）。

因此，对于一个新成立的公司，如果其资产少于 4 百万美元，那么在首次公开招股中它就必须以每股 5 美元的价格发行至少 1000 万股，才能达到 5000 万美元的资本市值要求。同样，公司必须将股票发售给至少 300 名股东，每位股东至少要认购 100 股。

纳斯达克全国市场的上市条件

纳斯达克全国市场（NNM）是纳斯达克的优势板块，是为那些赢利状况良好且资本基础雄厚的公司而设立的。

在全国市场上市有 3 个标准。公司如果希望在全国市场上市就必须要满足一个或多个标准，且上市之后还要遵守上市规定。下边是我们列出的上市的条件和规定：

纳斯达克全国市场的上市条件

要求	初次上市			持续上市	
	标准一	标准二	标准三	标准一	标准二
有形净资产	600万美元	1800万美元	/	400万美元	/
资本市值	/	/	7500万美元	/	5000万美元
总资产	/	/	7500万美元	/	5000万美元
总收入	/	/	7500万美元	/	5000万美元
税前收入（上一个财政年度或前三个财政年度中的两年）	100万美元	/	/	/	/
公众持股量	1100万	1100万	1100万	75万	1100万
经营时间	/	2年	/	/	/
公众持股的市值	800万美元	1800万美元	2000万美元	500万美元	1500万美元
最低买价	5美元	5美元	5美元	1美元	1美元
股东（整批持有者）数量	400	400	400	400	400
做市商	3	3	4	2	4
公司治理	是	是	是	是	是

备注：

- **有形资产净值** 即总资产减去总债务。
- **资本市值** 指在首次公开上市预计将募集的资本额。
- 公众持股即外部人士持有的股票，持有人不得是实质股东（拥有公司 10% 或更多的所有权），也不得直接或间接担任管理人或董事。

● **整批持有者**指持有数量在 100 股及以上的股东。

● **做市商**的意思是与其他交易商积极竞价且使用自有资本购买和销售纳斯达克证券的独立交易商。

● **公司治理**是一个宽泛的概念，要求上市公司不断向公众披露某些信息，且信息披露必须符合纳斯达克的规定。

场外柜台交易系统的上市条件

场外柜台（OTC）交易系统并不是正式的交易所，因此没有纳斯达克或纽约证券交易所那样的正式入市条件。但申请上市的公司也必须满足某些上市条件并遵守规定。

场外柜台（OTC）交易系统是一个报价系统，由全美证券商协会的一个分支进行规范和管理。全美证券商协会负责管理包括纳斯达克市场在内的全国市场证券交易，是一家准独立机构。从名称上理解，场外柜台交易系统并不是正式的交易所，也不提供正式的上市服务。它实际上是做市商的一个虚拟市场，未上市公司或在美国以外的其他交易所上市的外国公司可以在这里交易他们的股票。

在证券交易委员会登记

第一个条件是公司必须在证券交易委员会进行登记。你首先需要向证券交易委员会提交一份登记声明，登记被批准后再提交未经审计的季度财务报表、已经审计的年度财务报表和年报。

登记表有 3 种：10 号表格（所有美国公司）、10SB 号表格（资本额小于 2500 万美元的小型公司）和 20F 号表格（外国发行人）。提交登记声明并不意味着你已经可以对公司证券进行公开发售了，登记声明只是让证券交易委员对你、你的事业和你的公司有所了解。因此登记声明不需披露太多的信息，准备起来也相对容易。

寻找一名做市商推荐人

前面说过，做市商就是证券交易商，而且还是购买了美国（或全世界）一家或多家股票交易所股权的人。历史上，股票交易所最初实际上是被这些交易商视为一个碰头并交流信息的好地方。由于股票交易所是由其成员所有并进行经营，因此每个交易所都要求公司必须由交易所一名成员作为做市商推荐人。

虽然场外柜台交易系统不是正式的交易所，但它仍然是由一部分做市商所拥有并进行管理的。因此，必须有至少 1 名做市商推荐你进入场外柜台交易系统，你才有权对你公司的股票进行报价。

得到推荐之后

找到了合适的做市商，剩下的就比较简单了。做市商代表你的公司准备并提交申请。交易系统批准后会分配给你的公司一个交易标志，然后你就可以对公司证券进行报价了。但是请注意，你的公司必须继续提交季度、年度财务报表和年报，以免失去在场外柜台交易系统继续报价的资格。

纽约证券交易所的上市条件

纽约证券交易所也许是世界上最著名的股票交易所了，在北美地区更是没得说。由于其苛刻的上市条件和严格的规定，在纽约证券交易所上市的公司一般都是资金雄厚、经营成熟且赢利状况良好的公司。并且在纽约证券交易所上市和维持的费用也不是一般公司能承受得了的。

准备在纽约证券交易所上市的公司首先必须接受一系列的资格

审查。它在整个过程中握有绝对的控制权，按照自己的标准对每一家公司进行审查，并决定申请者是否具备上市资格。纽约证交所可以根据具体情况修改上市标准并在认为必要的时候增加上市条件。因此，即使你的公司满足纽约证交所的最低上市条件，证交所也不一定会接受你的申请或认可你提交的上市申请资格。

下面列出了纽约证交所的最低上市条件。[①]如果你的公司满足这些条件，而且纽约证交所认可你的申请资格，那么你就可以开始准备并提交公司的上市申请了。

股东	2000名独立股东，每名股东持有100股；或 2000名独立股东，最近6个月的平均月交易量达到10万股；或 500名独立股东，最近12个月的平均月交易量达到100万股；并且 公众持股量达到110万股。
资本市值 （公众持股的价值）	如公司是衍生公司[②]或其他关联公司，则现有资本或首次公开招股募集的资本须达到6000万美元。其他类型公司须达到1亿美元。如是首次公开招股上市，还需有承销商的书面承诺，保证公司达到最低市值的要求。
税前利润	**选择一** 上一个财政年度达到250万美元，且之前两年达到200万美元；或 最近三年累积达到650万美元，其中上一年利润达到450万美元，且最近两年中每一年都保持赢利。

以上资本必须为流动资本，且不包含债务、收购成本和其他债务（换句话说，这应该是最后出现在银行户头上的金额

---

① 当然了，如果公司这么有钱，你也许根本不需要读这本书，但是以最乐观的眼光展望一下公司的前景也没什么坏处，所以我们把这些内容也包含进来。

② 衍生公司：从母公司独立的专属或半专属公司。

	续表
	选择二 前12个月内资本市值达到5亿美元，收入达到2亿美元，最近三年净现金流量累积达到2500万美元，且三年中每年都保持盈利。 **选择三** 前12个月内资本市值达到10亿美元，收入大于1亿美元。
附属公司标准 （母公司为上市公司）	资本市值达5亿美元，经营时间12个月以上，母公司财务状况良好，对附属公司拥有控制权。

鉴于必须支付各种高昂的费用，所以公司最好保持一个良好的经营状况。单是在1934年《证券法》修正案下取得上市就会花去你20000～50000美元。而且这笔钱只是为股票创造了一个公开交易的市场，当然这里的股票是指那些不再受到144条款转让限制的股票。这笔钱甚至不能做到这一点：1999年末，证券交易委员会发布了一封无异议函[1]，建议在《交易法》下准备上市的小型公司如果未在《证券法》下对股票另行登记，那么即使公司已经满足144条款关于终止转让限制的条件，也不能保证公司股票可以在所有情况下进行自由交易。

还有一点你得记住，一旦成为上市公司，你每年至少得向证券交易委员会提交4次季度报告。制作季度报告会耗费你大量的时间和金钱，提交报告的期限也是非常严格的。而且对于这些耗费你大量时间和金钱的定期报告，不同的交易所可能还有各自的特殊要求。

因此在你付诸行动之前，一定要确认自己不仅负担得起申请上

---

[1] 无异议函（no-action letter）：指某监管机构对在其监管下的个人或单位参与某一活动不采取民事的或刑事的措施，通常是对某一书面申请的回应，而申请澄清的事项通常在法律上并未有明确的规定。

市的高昂费用，也负担得起维持上市公司所产生的费用。你马上就能看到，这可不是件小事情。

现在讨论的很多内容与上文讨论私募时的内容是一样的，最主要的一点就是精心制订招股说明书（相当于私募中的私募备忘录）中两个最主要的部分：商业计划和财务审计报表。但相对于私募，你必须更加谨慎更加专业地进行上市的准备工作，你所提交的材料将会受到比你以往经历过的任何证券活动更加严格的审查。因此，你绝对不能指望在没有专业人员帮助的情况下独自完成这项工作。这里说的专业人员包括：进行审计的大型会计事务所、经验丰富的财务印刷公司——可以帮你将文件的电子版提交给证券交易委员会并打印招股说明书，还有公司律师和证券律师。

根据证券交易委员会对于提交文件和报告的要求，完成招股说明书后你还要增加一部分额外信息。这些信息和招股说明书一起被称为"股票注册上市申请书"。不同的公司类型、规模以及公司所发行股票的类型、规模，你需要填写的表格也不同，你的证券律师会帮你找到最合适的那种。但不论是哪种表格，它们都要求你遵守一点——你在进行私募时很可能已经习惯了这一点——对所有事实与风险进行完全披露，并发布前瞻性声明（大胆的预测），使投资者了解所有必要的信息，不管好消息还是坏消息，他们将凭此判断此项投资是否安全，是否符合自己的投资目标。实际上你进行的是两次注册，一次是在《证券法》的规定下，另一次是在《交易法》的规定下，但大部分材料都可以合并处理。在使材料符合《交易法》规定要求的过程中，大部分工作由那些以后对你的股票进行交易的人完成，而且填写上市申请书时他们也起着十分重要的作用。

任何一次公开招股，尤其是首次公开招股中，你都应该对证券交易委员会审查的严格程度有所准备。这一次所准备的材料必须比你在私募时准备得最好的那份材料还要全面和专业。但即使你的准备工作已经十分出色,你还是几乎肯定会收到负责对你审查的审查员发来的意见函,要求你对某些问题进行解释和说明,并对上市申请书进行补充或重新起草。这一过程可能会持续几个月的时间,你很有可能会收到好几封意见函并需要多次修改你的上市申请书。这不仅会让你的专业顾问们花费大量的时间与精力,很多情况下甚至公司管理人、股东和其他行政人员也会发现自己在处理分内工作的同时又突然多了一项差事:应付没完没了的意见函,按照证券交易委员会的要求修改材料。这项差事既耗费时间,又耗费金钱。当别人对公开招股高唱赞歌时你一定不能忘了这一点。

至于证券交易委员会审查,你也许觉得他们毛病太多,过于吹毛求疵了,但其实他们是你最好的朋友之一。他们的任务是确保你对公司和招股情况进行了完全且充足的信息披露。他们作出决定的根据不是个人好恶,也不是公司的相对优势和股票的潜在投资价值。他们只是迫使你充分了解自己的每一步工作,掌握所有信息,并确保你不会在未来投资者那里遇到任何麻烦。在他们的引导下,你最后会得到一个专业评价——你已经公布了所有需要公布的信息。当证券交易委员说你已经做出了足够的信息披露时,你就等于穿上了一层护身盔甲。任何人对你进行投诉或法律追索都将变得困难——前提是你没有对审查员撒谎。所以,在使上市申请书获得批准的整个工作过程中你应始终记住一点:证券交易委员会审查员在审查申请上市公司方面拥有丰富的经验和专业知识,他们是来提供帮助的,他们能帮你消除日后可能出现的麻烦。

你还要开始和做市商打交道。做市商为你寻找股票买家并在上市申请书获得批准的同时开始销售你的股票。股票销售的前期工作通常在证券交易委员会进行审查时就已经开始,但这个时候你不能进行任何实际的股票销售。这是一门巧妙的艺术,就像在前文中你必须等着投资者先找到你一样。对公司业务、现状和招股计划(通常被称为"路演")的介绍只能提供有限的信息。你的初步募股书(通常被称为"红头招股书")此时尚不能生效,需要在封面左下角注明"本文件非最终版本,不可视为出售股票之正式要约"的警告。

到了这个时候,你要更加谨慎地处理内部消息。证券交易委员会会特别注意你的公司。每个人只能获得在履行职责时必须知道的消息,除此之外绝对不允许任何形式的消息泄漏。在成功上市之前,做市商还会要求和公司目前的股东签订一份叫做"锁定协议"的文件——文件规定在股票发售期间股东同意不用所持股票进行交易。这样做可以帮助做市商控制市场上股票的数量和价格,以保证股票的稳定性并增加投资者以做市商开出的价格购买股票的可能性。

如果你的公司拥有丰厚的收入并且发展稳定,那么你也许会得到大承销商[1]或承销银团的青睐。而且如果你符合他们的要求,很可能就不需要上门推销了:他们已经知道你是谁,并且会相互竞争以争取成为你的主承销商[2]。

一般大承销商把你列入考虑范围的条件是:你能够在纳斯达克全国市场等交易所上市,而且你能够让他们相信公司至少可以卖出2000万美元的股票。另一方面,如在情况非常理想的条件下,承销商会同意签订"包销承诺",意思是你一旦取得证券交易委员会的批准,他们将全额认购你所发售的所有股票。他们希望在再次出售股票时能够以一个公道的价格吸引投资者,以便卖出自己手中所有的股票,因此在向你认购股票时他们会把价格定的稍微低一点。他们会在事实基础上尽力增加公司和其股票的吸引力并赚得差价,当然他们的名誉也承担着一定的风险。

承销商会和你紧密合作,而且大多数情况下他们和自己的律师

---

[1] 承销商,即证券承销商,是指与发行人签订证券承销协议,协助公开发行证券,借此获取相应承销费用的证券经营机构。

[2] 主承销商:是股票发行中独家承销或牵头组织承销团经销的证券经营机构。

（虽然律师是他们聘请的，但律师费却由你来付，另外你还要付你自己的律师的费用）也将组成一个密切协作的团队。所有人的共同目标是让公司上市，所以傲慢与固执不会出现在团队中。大承销商的各种要求中有一点是共同的：为你做审计的必须是五大会计师[①]事务所中的一所。记住，他们必须考虑自己的信誉。

他们还希望自己对招股说明书的内容和风格所提出的意见可以受到同样的重视。对意见的讨论从"首次全体会议"开始。所有相关人员审阅股票上市申请书的初稿，然后聚集在一起（会场要是一所大房间，因为所有参与招股的人员都要参会），对材料进行细致缓慢地——常常是逐字逐句地——审阅：提出问题，修改措辞、语法、标点，研究每个条目的每项内容。会议常常一连开15到20个小时。此时你要防范一点，即作出的修改虽然有助于股票销售，但过高的目标有可能让公司难以实现，从而陷入两难的窘境。

不管他们从分析师那里和从路演中带回了多少好消息，最后，在上市前一天召开的闭幕会议上，公司领导和主承销商最高代表之间通力协作的气氛将来一个180度的大转弯。这听上去不可思议，却完全在意料之中。承销商尽力压低价格，几乎可以肯定这会带来一番唇枪舌战。双方都想确保自己可以将股票全部售出以保证自己的利益最大化。这不难想象：当最终的招股说明书得到了证券交易委员会的批准，承销商却开始换上严肃的脸孔，"不确定"是否真的能把股票全都卖出去。这时候你应该真正强硬起来。你在和鲨鱼共舞。

准备闭幕会议的时候你需要仔细考虑3件事。

第一，除了你自己你不能依靠任何人（这个传统由来已久，律师、会计师，其他所有人都不能进入房间——甚至连大楼都不能进

[①] 因安然丑闻，安达信被解体。剩下的四大会计事务所分别是：安永、德勒、普华永道、毕马威。

入——只剩下你和公司其他高级管理人员），所以你要提前准备好充足的弹药。这时你必须完全依靠自己的头脑，如果你敢离开房间请教别人，毫无疑问你会得到一句冷冰冰的拒绝。

第二，会议会没完没了地一直开下去。会议时间越长，你越疲劳。随着股票上市交易的时刻越来越近，你也越来越容易在重压下妥协。但不要让他们轻而易举地控制住你——保持冷静。

第三，虽然承销商已经做了大量的工作，但此时他们并不承担任何法律责任。除非对所有细节达成一致并在闭幕会议结束时签署正式的包销协议，否则他们完全可以站起来走出房间且不承担任何责任。所以对此你要有所准备并灵活应对，把他们留在谈判桌上以达到自己的目标。

但这都是未来的事情了。罗伯特·保尔·特纳的《你的公司如何进行融资与上市》一书会对整个过程进行精彩阐述。

现在可以开始准备商业计划了，但此时你必须确保公司拥有正确的管理人员。

编者按

　　公司资金筹集的行为与过程，也就是公司根据自身的生产经营状况、资金拥有的状况，以及公司未来经营发展的需要，通过科学的预测和决策，采用一定的方式，从一定的渠道向公司的投资者和债权人去筹集资金、组织资金的供应，以保证公司正常生产需要、经营管理活动需要的理财行为。公司筹集资金的动机应该遵循法定的原则，通过法定的渠道和法定的方式去进行。

　　公司筹集资金通常存在三种方式，分别是自筹、直接筹资和间接筹资。所谓自筹包括创业者自己所有的资金、文中提到的天使投资人的投资（也就是亲朋好友的资金）、其他一些个人投资以及风险投资人的投资；所谓直接筹资是指通过债券及股票的方式向社会直接募集资金；间接筹资包括了短期及中长期贷款。本章中提到，股份有限公司、有限责任公司、有限合伙公司筹集资金的方式各不相同，法定渠道和法律规制也各不相同。

对于有限责任公司和有限合伙公司来说，公司募集资金只能通过第一种及第三种募资方式进行，因其无法发行公司债券及股票，所以直接募资的方式不能为其所用。而对于股份有限公司来说，其募资渠道就非常宽泛，三种募资方式均可适用。

投资者要注意的是，资金是一个公司的命脉，一个公司之所以能够运营，能够承担独立的责任，皆因其拥有资金，有了资金才有了实际意义上的行为能力。因此，资金准备不充分、筹集渠道有误或筹集程序不规范，都会给公司带来灭顶之灾。甚至可以说，在一些情况下，它会导致投资者承担个人责任，给投资者本人带来不可估量的损失。

同时，公司在募集资金的时候，一定要注意到公司控制权的问题，资金的增加不仅意味着新的投资人的进驻，也意味着股权比例的变化，公司的控制权很可能因为这样的变化而易主，这也是公司募集资金过程中公司成员们需要注意的问题。

第10章
了解你的董事和管理人

你马上就要募得资金,前途一片光明。但一名准备投资的大投资者却告诉你,有几个臭名昭著的坏蛋竟然出现在公司管理层。他不能投资一家连管理人背景都搞不清楚的公司。

这对你不啻为当头一棒,但你也得到了一次教训。你必须把公司董事和管理人的背景了解得一清二楚。

什么是董事和管理人?他们有什么权力

简单来说,董事就是公司股东通过每年的股东大会选举出来的人。管理人则由股东在董事年会上选举产生(董事年会于股东大会结束后立即召开)。管理人职位包括董事长、书记员、财务主管、副董事长、首席财务官和首席运营官。

富爸爸小提示

● 如果你要亲自经营自己的公司,那么你并不需要填满所有的职位。例如在内华达州,一个人可以同时担任董事长、书记员、财务主管和唯一一名董事。

> ● 即使管理公司的只有你一个人,也要时刻注意并遵守上面列出的职责。

公司董事和管理人(权力范围次于董事)对你的公司拥有巨大的权力和控制力。他们负责公司的管理和发展方向,可以召开会议、签署令公司承担责任的合同、采购和销售各种资产以及以公司名义举债。只要在表决中多数董事同意,管理人可以随时获得任命或遭到罢免。董事能对公司股票的销售和转让作出规定,包括购买和销售的价格。董事还能控制公司银行账户,规定谁有权签发支票。董事手握重权,所以如果有几个坏蛋混进董事会的话,投资者是决不会把钱投进公司的。

信义义务[①] 与赔偿

几乎所有的法律体系都要求各地公司法对"信义义务"作出规定,要求董事和管理人任何时候做出的行为都必须符合公司及股东的最大利益。这意味着董事和管理人行为的出发点只有公司利益,没有他们的个人利益。公司的责任优先于个人利益。如未能履行信义义务,董事和管理人可能需要承担个人责任。

如果股东或与公司签订契约的第三方引发了针对董事和管理人的法律诉讼,那么为了减轻履行信义义务所带来的风险,董事和管理人可以获得补偿。某些州规定补偿条款必须写入公司章程,也有些州要求将补偿条款写入内部章程。如果董事或管理人以公司名义做出的行为导致了针对个人的诉讼,那么补偿条款允许董事或管理

---

① 信义义务(fiduciary duty):源于英国衡平法,指当事人之间基于信义关系而产生的义务。董事管理经营公司业务时,要毫无保留地代表全体股东为公司最大利益工作,自身利益与公司整体利益发生冲突时,后者优先。

人个人要求公司将赔偿或辩护费用补偿给自己。只要所涉及行为不涉及个人不当得利或故意渎职，补偿均适用。颇具讽刺意味的是，虽然董事和管理人作出的糟糕的商业判断和错误决定并不一定违反信义义务，却可能给公司带来巨大的麻烦，包括诉讼、资产扣押和债务。除非法庭判决董事对公司负法律责任，否则公司无权向做出决定的人要求赔偿。

当然，只有在董事和管理人履行信义义务的时候补偿才有效。如果他们未能履行信义义务——董事如有误导或欺诈行为（如董事说服股东将全部或大量公司资产卖给另一家公司，这家公司看似独立，实际上却由公司自己的一名或多名董事控制）——公司便可判定他们违反了信义义务。补偿不适用于发生渎职或不当个人得利的情况。

下面我们继续探讨董事的其他责任：

勤勉义务①

董事必须对公司承担勤勉义务。董事必须像处理自己事务一样，谨慎地处理公司事务。以下是几种违反勤勉义务的情况：

- **不作为（什么也不做）**。只有在不作为导致损失的情况下董事才承担责任。例如，如果董事是一名专家，且损失是由未能利用专业知识导致的，那么这名董事就违反了勤勉义务。

- **行为不当（导致经济损失的行为）**。如果董事的商业判断是经过慎重考虑后作出的，那么他就不对不当行为承担责任。这被

---

① 勤勉义务（duty of care）：也称勤勉义务或注意义务，与忠实义务一起构成公司董事和高管法律义务的两大种类。勤勉义务的着重点是董事行为和作出决策的过程是否尽职和是否到位。忠实义务则着重于董事行为的目的的作出决策的出发点是否正确，是否是为了公司利益最大化。

称为"商业判断规则"。在判断一名董事是否作出了最恰当的商业判断时,你必须调查他是否进行了认真的调查、试图寻求其他方案且作出了合理的决定。如果答案是肯定的,那么他就没有违反勤勉义务。

忠实义务

董事必须本着诚信原则进行公司管理,且所作所为符合公司最佳利益。以下几种情况下,董事违反了忠实义务:

董事进行与其存在利益关系的交易。在与董事存在利益关系的交易中,一名董事或其亲属与公司达成某项交易,如出售财产或借款。如果董事可以证明以下两点属实,则不构成与之存在利害关系的交易:1. 交易对公司是公平的;或 2. 交易是完全透明的且已经取得无利害关系董事的多数赞成。

竞争性业务。如果董事与公司进行直接且不公平的竞争,他就违反了忠实义务。例如一名美容学校的董事不能在未取得独立董事批准的情况下开办自己的美容学校。

公司机会。如果董事篡夺了公司的商业机会,那么他就违反了忠实义务。公司机会指任何一项公司有兴趣从事的活动。如果一名董事想利用这个机会,那么他在采取行动之前必须首先通知董事会并等待董事会放弃这个机会。如果公司因丧失机会而受到损失,公司可以获得赔偿,或者公司可以要求董事将财产卖给公司。

哪些董事应该承担责任

除非董事对董事会决定提出的反对意见被记载于公司会议记录中或通过挂号信寄给了公司书记员,否则默认为董事赞成董事会的一切行为。以下是几个例外情况:

- 如董事并未出席批准或实施某项行为的会议，则通常此董事不承担责任。
- 如参考以下3条后可证明董事并无有失诚信的行为，则董事承担部分责任：1.财务审计报表；2.资产的账面价值[①]；或3.骨干员工或专业人员的意见。

内华达州对此有一个规定，你完全可以巧妙地利用一下。如果公司章程中限制了股东对公司的控制权或董事行使权力的方式，那么公司在面对股东或第三方的起诉时可以利用这一条款进行辩护。

董事及管理人责任保险

因为董事或管理人承担责任风险，所以许多持有资产的董事和管理人在任职之前都会坚持公司购买董事及管理人（D&O）责任保险。稳妥起见，你应该得到一份董事及管理人责任保险。

不同责任保险的差异很大，所以一定要同一名保险或其他相关的专业人士确认你的受保范围。投保董事及管理人责任保险并非易事，而且保费可能会非常高，部分原因是出于证券诉讼所引发的赔偿金额一般都很大。保险人会调查公司的财务历史和稳定性、董事及管理人的背景与名声以及其他多种因素。

每个人都知道保险公司最擅长用印刷精美、文字细小的保险单来让自己逃脱赔偿责任，所以对于保险条款你绝不能马虎。例如，告知条款要求在保单有效期内对指定人员进行告知，对此你必须严格遵守。

在协商保险范围时另一个需要考虑的关键因素是对于"欺诈"和"被保险人的不诚实行为"的定义。很多时候保险公司都想把这

[①] 资产的账面价值是指该项资产的原始价值减去累计折旧或其他减损后的金额。

列入保险范围之外，但这却正是公司希望得到保障的风险项目。

保险公司还有另一个拒赔的办法，就是要求将股东和管理人的姓名写在保险单上。如果有人离开公司，那么保险单上的名字必须立即换成继任者的名字。在繁忙的日常工作中，这一点很容易被忽视，从而导致你的新董事和管理人无法得到保险。另外，如果你是一名得到保险保护的新董事或管理人，你应该索要一份将你列入被保险人的保险单副本。

最后还有一点，有时候保险公司不对陷入破产状态的公司承保，而这正是董事和管理人最需要保险的时候。在谈判时一定要据理力争，尽量让自己的要求得到满足。

有时我的客户在即将担任公司董事或管理人的时候会带来一个问题，这个问题也是关于以上最后一点的。我的客户一般都非常谨慎，但有时会被公司补偿所蒙蔽。你必须知道，除非公司有钱，否则补偿就是一个空头支票。如果公司都破产了，你是得不到任何补偿的。这时你就只能自己承担损失了。所以，当你任职于一家没多少钱的新公司时，即使近期并无遭到起诉的可能性，你也要万分小心，除非你已经得到了一份实实在在的董事及管理人责任保险。

现在我们回到这一章的主题上来：你的董事和管理人的背景将怎样影响潜在投资者与现任股东？

任何公司，不论是拥有千万名股东的上市公司还是只有3名股东的非上市公司，都必须在投资者投资之前向其公布公司状况、董事、管理人信息，以及其他经营情况。投资人有权了解的信息包括在职人员是否有过刑事犯罪记录，是否曾经或目前正处于破产状态，是否曾经因违反证券法受到证券交易委员会、州证券主管机关或其他证券监管机构的处罚。可以想象，这些信息会对潜在投资者和你的募集资金产生非常大的影响。如果你在投资者决定向你的公司投资前没有提供这些信息，你可能将面临经济处罚，处罚金额由多家证券监管机构评估得出，你的公司也可能因欺诈和未能按要求披露信息而遭到民事甚至刑事起诉。

那么这一切对你意味着什么呢？你必须了解你的董事和管理人的背景和个人经历。在某些州，当地的公司法会帮你设定一些董事必须符合的条件。这些规定一般不允许有刑事犯罪记录的人或未解除债务的破产董事、管理人担任新公司的董事、管理人。而其他一些州只要求董事是个大活人就行。

因此，在《公司法》无法对公司提供充分保护的时候，你需要自己采取措施确保公司的安全。对此的一个建议是公司可以要求每一位董事和管理人在当选或得到任命的时候填写一份调查表，在表中要求他们披露相关信息并证明其真实性。如果因董事或管理人信息披露不足而发生任何问题，你在调查表的帮助下更容易成功证明自己在对公司、投资者和股东利益的保护方面已经做了适当工作，然后将责任抛给董事或管理人个人。（有人违反信义义务么？）

我们在本章末尾附了一份《董事委任同意书》，其中包含了一个简单的调查表，涵盖了一些最容易给你带来麻烦的问题。你可以根据自己公司的情况进行修改，并且应该养成一个良好的习惯——在董事或管理人当选及连任时让他们重新签署同意书。

董事委任同意书及利益冲突调查表

提交：＿＿＿＿＿＿＿＿＿＿＿＿（公司名称）

及：此公司的董事会

本人同意在被推举或委任后出任公司董事，并在本人提出书面辞职之前按照重新推举或委任继续担任此职位。本同意书自签订之日起生效。

请回答下列问题。如对某一问题的回答为"是",请单独将详情写于另一张纸上。

1. 本人未满18岁。　　　　　　　　　　　　是＿否＿
2. 本人曾因精神问题而无法处理个人事务。　　是＿否＿
3. 本人是未解除债务的破产人。　　　　　　　是＿否＿

在最近5年中,本人曾经:

1. 申请个人破产,或公司在我担任管理人或股东期间申请破产。　　　　　　　　　　　　　　　　　　　　　　　是＿否＿
2. 在美国境内或境外发生过犯罪行为(不包括违反交通规则及其他违法行为),或现为某未决诉讼之对象。　　是＿否＿
3. 被拥有管辖权的法院所出具的命令、判决或法令(尚未撤销或中止)裁定永久或暂时不得参与任何形式的商业、证券或金融活动,或受到其他形式的限制。　　　　　　　　　　　　　是＿否＿
4. 被拥有管辖权的法院(民事诉讼中)、证券交易委员会、州证券主管机构或美国商品期货交易委员会裁定违反联邦证券、商品法律法规或相对应的州法。　　　　　　　　　　　　　是＿否＿

在最近5年中,我曾经担任以下美国或外国的申报公司①及/或非申报公司的董事或管理人:

---

① "申报公司"指需要向证券交易委员会或其他国外证券监管机构定期提交财务及管理报告的公司。

公司名称	所任职位	任职时间	是否为申报公司

在最近5年中，我（或我所任职的公司）同公司达成以下协议，并直接或间接取得受益（包括雇佣协议、股票认购协议或奖励性股票购买协议等）：

_____

_____

_____

本人在此保证，如自身情况发生任何变化，将立即通知公司。

日期：201__年__月__日__时__分

签名：_____

地址：_____

董事委任同意书及利益冲突调查表

如果第一页中你对任何一个问题的回答为"是"（如未解除债务的破产人、重罪记录或受到证券委员会或其他州证券监管机构的制裁），请在下方提供详细信息。

_____

_____

编者按

  公司作为一个独立的法人，最为重要的一个特征就是它的所有权同管理权是一分为二的。董事和管理人在很大程度上控制了公司的经营运作、业务往来。那么选择优秀的管理人就成为创业者们的又一要务。

  本章中已经作出说明，对董事和管理人的选任，要对其个人情况进行周详的考虑。并且在很多州，出于勤勉的态度和对投资者的保护，州立法中都罗列不能担任公司董事和管理职务的种种限制，显然，法律的明示为我们的投资者提供了不错的保障。

  当然，这并不是说董事和管理人一经选任便可以为所欲为，甚至置我们的公司于不顾。他仍有很多的法定义务必须履行，一旦触及，就要为其行为所造成的损失承担个人责任，如信义义务、勤勉义务、忠实义务。这几项义务虽然看似简练，但实际上几乎涵盖了董事的所有义务，在法律实践中可以用来支持具体的司法判决。

  我国在董事义务的规范上，列出了具体的适用情形，如董事或其他高管人员挪用公司资金；将公司资金以其个人名义或者以其他个人名义开立账户存储；违反公司章程的规定，未经股东会、股东大会或者董事会同意，将公司资金借贷给他人或者以公司财产为他人提供担保，与本公司订立合同或者进行交易，或利用职务便利为自己或者他人谋取属于公司的商业机会，自营或者为他人经营与所任职公司同类的业务；将他人与公司交易的佣金归为己有等。

这些列举虽明确却难以穷尽所有的董事义务，公司法中虽也提及董事要履行忠实义务，但却有难以适用之弊病。上述美国法的董事义务可作为判决基准，值得我国借鉴。

第 11 章
如何处理员工问题

你完成了商业计划，公司管理团队已经到位，天使投资人的融资工作已经开始，你也在首轮融资中获得了权益。现在你需要雇用员工了。

在雇用员工方面你需要考虑 4 个问题。

第一，一开始的时候你必须选择雇用雇员还是使用合同工（当心）。

第二，雇用雇员时，你需要熟悉雇佣合同所涉及的各个方面。

第三，你必须了解一些雇佣方面的法律问题。

最后，你需要决定你能提供什么样的员工福利。

雇用雇员 vs. 合同工——哪个更好

现在公司已经成立，即将投入运营。下一步是考虑员工的问题。如何能在经营允许的范围内找到一个最合适、最省心的方法呢？

第一个问题：你应该雇用雇员还是合同工？

你知道成为一名雇员意味着什么，可能你自己就做过雇员，但一旦你从雇佣关系的雇员这一边走到了另一边，游戏规则就全变了。

作为雇员，你的职责包括准时上班，完成分配给你的工作，让你一天的劳动对得起你一天的工资。

但作为雇主，你需要考虑的事情变成了：工资、缴纳联邦税及州税、劳工保险、医疗保健计划与福利、退休金与401（K）计划、绩效考核、加班费、交通补贴、病假与节日休假、规定员工某些行为应承担的责任（如果他们开着公司的货车送货时发生了交通事故，猜猜谁会被起诉）、遣散费，等等。这意味着在实际操作中，要么你卷起袖子自己学自己做，要么请别人来帮你做。但是小型创业公司也许无法承担请人来管理人事的费用。毕竟你还处于起步阶段，你的精力应该放在经营管理上。

另一个办法是摒弃传统的雇主—雇员关系，采用合同工。合同工形式有其优点，也有其缺点。

合同工，又称"独立合同工"。顾名思义，合同工就是在签订书面合同后为他人提供服务的人。独立合同工中"独立"的意思是，你作为服务合同的一方，支付给合同工一个固定的金额，合同条款由你和合同工协商确定。缴税、医疗费、劳工保险和失业保险等事宜由合同工自理。法律已明确规定独立合同工不属于雇员范畴，所以你的公司不承担传统雇主—雇员关系中的一切责任和义务。你也可以将详细的豁免条款写入服务合同，防止公司承担因合同工的某些行为所引发的责任。很多合同工都已经组建了自己的公司，这样你就可以雇他的公司以及这所公司的雇员来为你工作。

这种形式的缺点主要来自国税局对合同工关系的处理方法。即使你与对方签订了合同，免除了自己在传统雇主—雇员关系中应该承担的责任和义务，然而对国税局来说，不管你们签订了什么样的合同，只要对方符合某些标准，他们依然被视为你的雇员。从实际意义上说，这意味着如果国税局认为你的合同工符合雇员的标准，那么当合同工没有为取得的报酬缴税时，国税局会来找你算账的。

国税局判定雇员或合同工的标准大体如下：

雇员

● 雇员所有时间都用于为你（雇主）工作，至少在此时间内的工作是为了达到某个特定目标。

● 雇员的工作时间和天数由你安排。

● 你为雇员提供培训，并确定工作方式方法和次序。

● 你为雇员提供工具和材料且雇员必须得到你的工作指令后才进行工作。

● 雇员必须独立进行工作。

● 按时、周或月取得报酬。

合同工

● 合同工兼职为你（公司所有人）工作，同时可能为其他公司或个人工作。

● 你设定目标或期限，但不规定详细的工作时间。

● 合同工只负责完成目标，你不对完成目标的方式提出特定要求。

● 合同工自行准备工具和材料，可以在家里、自有场所或其他任何地点进行工作。

● 合同工为了完成工作可以雇助手或自己的合同工。

● 按照工作项目数量或为你工作的时间取得报酬。

● 已取得营业执照、许可及其他必要的法律许可。

所以，为了证明你采用的是合同工的形式来找人为你工作的，你必须保证至少你签订了合同工服务协议，而且合同工会为自己的工作收入向你的公司开具发票。如果你所签订的合同里包含了上表中所列合同工要求的大部分内容，你就有更大的胜算来证明自己不是一名雇主。

本章末尾附有合同工服务协议以及雇佣协议的样本。

雇佣协议及其要点

一般来说在创业公司的商业计划中，雇佣协议是一个不容忽视的方面，涉及到关键的管理人员或技术人员时更是如此。

创业公司在传统上有两种雇员类型：一般雇员和关键雇员。一般雇员在你或其他管理人的领导下工作，权责范围较小，取得的报酬也较低。关键雇员是那些帮你开创事业的人。他们要么拥有高超的技术，要么善于经营，是公司不可或缺的角色。一般他们的劳动能为他们带来较高的报酬，很多资金较为紧张的创业公司有时也会给予关键雇员大量发起人股票作为他们全部或部分劳动的回报。关键雇员对公司来说更像是合伙人或发起人而不是普通雇员。一般雇员也会得到一部分股票或购买公司股票的期权，但数量一般都比关键雇员少得多。

对新成立的公司来说，精心设计的雇佣协议也许是吸引那些帮助你开创事业的人才的唯一方式。那些掌握绝佳技术的高学识人才都花费了大量的时间与精力才达到现在的成就。他们也希望未来的生活能得到保障并为自己的劳动取得公道的报酬。这种情况下，他们一般都希望在取得金钱报酬的基础上能得到一部分公司股票。

同关键雇员签订雇佣协议有时候还是吸引风险投资的一个条件。未来投资者，特别是你期望可以从他们那里得到大量投资的那些投资者，会关注公司是否已经将经营所必需的人才招至麾下。如果新公司有一个优秀的创业项目，但具体工作完全靠一个人来完成，而且这个人没有同公司签订合同或以任何形式同公司达成义务关系，那么投资者是不会痛痛快快地就把钱给你的。

一份精心设计的雇佣协议除了能保证劳动关系和让投资者放心外还有别的作用。通过保密协议和非竞争协议，你可以防止雇员将重要信息和技术卖给竞争者，或者在离开公司后利用你的公司的构思和客户资源组建一家新公司直接与你竞争。通过所有权条款，你可以保证自己雇人开发的软件或产品属于公司财产。

即使你一名雇员也没有，即使公司最重要的创业资本就是你自己，你也最好，或者说有必要，签订一份雇佣协议。记住，投资者投资的是你的公司，不是你个人，而且投资者投钱以后也买到了一部分公司经营的控制权。因此他们希望能有些东西可以保证你开发的产品或技术属于公司，而不是你。另一点需要考虑的是你如何为你的劳动取得报酬。如果你把对公司贡献所取得的回报通过协商确定下来，那么投资者同样也会放心不少。如果投资者被某种产品或服务所吸引，那么在得到投资前公司必须能够证明自己能够牢牢掌握这种产品或服务的所有权。同样，公司必须对多少钱用于公司发展，多少钱进入个人腰包有明确的规划，否则投资者是绝不会轻易作出投资决定的。

应该和谁签订雇佣协议

就像上面说的，你最好和公司所有的关键雇员签订雇佣协议，包括（但不限于）你自己、公司合伙人及其他发起人、技术人员、软件和硬件开发者、财务官、会计师、律师（如果公司有专职顾问的话）和销售经理（尤其是那些对公司所从事行业非常了解且拥有广泛人脉关系的人）。

雇佣协议里应该写什么

雇佣协议的内容由公司签订协议的对象决定。然而有一些基本的内容是每一份雇佣协议都应包含的。

职务及职责范围

雇员将为公司做些什么？职责描述应该多具体呢？

虽然表面看来职务并不是什么复杂的事情，但在考虑某人的职责范围时，你必须好好琢磨它的具体程度，以及你是否需要为职责的改变或扩大给自己留些余地。本章最后附有一张权责清单，列出了公司各种管理职位传统上的权力和责任。请注意不要完全依赖这份清单，要根据自己的情况分析每个职位的权力和责任。如果职务范围太窄，你可能需要一次又一次地与雇员协商雇佣协议，尤其是在创业公司中，职务范围扩大的可能性非常高。如果职务范围太宽泛，你又可能会在未来的某天想要把它缩小，尤其是当你想要收回雇员的某些权力的时候。拒绝交出权力的雇员可能会说你的行为构成了变相解雇（"变相解雇"指公司对雇员职位、责任范围或工资单方面做出本质上改变其工作性质———一般包括降薪或调离——的做法），然后对你的公司采取法律行动。除此之外，雇员还可以说公司违反了雇佣协议，借此使整个协议失去效力，包括保密协议和非竞争协议。如果能在雇佣协议里加上这么一条就再好不过了：公司董事会具有最终决定权，并有权在维护公司整体利益的情况下改变雇员职责范围。

  雇佣协议的目的是维护你的利益，也就是发起人的利益，所以还有另外几点你需要好好考虑，以保证你不会在投资者进入公司的时候失去对公司的控制权。比如，你也许希望加上某个条款来限制董事会过分改变你的职位，或者你还希望同股东们签订另一份协议，将双方关系的方方面面都明确下来，包括控制权、否决权等。利用这个股东协议来防止你最后失去公司的股东控制权、丢掉公司的职位，然后被一脚踢出公司。

雇佣协议中的任期

  设定雇佣协议的任期时，你需要考虑多方面的因素。对于某些关键雇员，你最好将任期设定为某个具体的期限，在此期限内雇员要完成某项具体工作或达到某个目标。另外，根据公司具体要求的不同，或许你希望一年或两年后能够续签雇佣协议。如果你想要长期且连续的雇佣关系，可以加上这么一条：本雇佣协议规定的任期为一年，除非公司或雇员终止本协议，否则任期自动延长一年。你最好与关键雇员签订长期的——而不是一个月一签的——合同，因为你的公司正尽力在投资者面前树立稳定的形象。

工作时间

除了设定职务和职责范围，雇佣协议里还有一点非常重要，即当雇员为你工作的时候，他必须将所有的时间与精力都用于完成这份工作。你要注意不能限制太严，例如科研人员和高科技人员经常要参加各种研讨会、撰写论文以及同科学团体的其他成员交流信息。如果雇员不能参加这些活动，他们很可能在知识更新方面落伍，进而降低自己对公司的价值。但是，一个从来不露面的雇员对公司也没什么用处。你要找到一个平衡点，然后根据具体情况修改雇佣协议。你可以考虑利用某个条款限制其参加外部活动的时间，或要求其参加这些活动之前必须事先得到公司的同意。对于兼职员工或顾问员工来说类似的要求尤为重要，因为他们可能同时为好几家公司工作。他们效劳的公司越多，越难保证公司的商业秘密、专有技术及方法不被转让或修改并为其他公司所利用。

雇员费用，包括往返费和搬迁费

如果你预计公司某个职位可能需要长途往返和/或搬迁，那么在雇佣协议里加上这些内容是十分重要的。协议里必须体现补偿的安排和方法，且双方必须严格遵守。如果需要对补偿提供收据或证明文件，协议中也要说明清楚。

工资和其他福利

除了货币形式的雇员工资之外，还有其他形式的福利，如分配股票和提供未来购买公司股票的期权、医疗及牙科保险、退休金计划、分红计划或交通补贴。这是个不错的方法，尤其是对于手头没多少钱来支付高额工资的创业公司来说，这样做不仅节省资金，而且还能通过分配股票和期权鼓励雇员长期为公司效力。本章后文还会对雇员福利进行详细的讨论。

关键人物的人寿保险

也许你的公司有必要考虑为关键雇员购买人寿保险，特别是在发起人的雇佣协议里。通过设立这种条款，可以规定如果被保险人的地位不可替代，而且没有了他们公司可能无法成功，那么可以指定公司为保险受益人，或者你也可以考虑指定公司投资者为受益人。如果需要将这样的条款写入协议，你必须确认此员工同意接受保险所要求的医疗检查并签署所有条款生效所需的文件。

转让性条款

所有的雇佣协议都应该包含一个转让条款，允许公司将雇佣协议转让给你的公司的附属公司、联合公司、子公司或接管公司。如果公司被另一家公司收购，你可不想看到起关键作用的雇员拒绝为新公司工作的情况发生。

保密与非竞争协议

如上所述，对于创业公司来说，极为重要的一点就是防止知识产权、专利、商业秘密、产品信息、生产方法和业务模式等泄漏给竞争者，或被员工窃取之后利用这些信息开办他们自己的公司。雇佣协议里应具体说明哪些信息属于保密信息，而且应设立这么一个条款：公司已告知雇员如其违反保密协议，将遭到公司起诉。

此外，对于非竞争协议，你必须对它进行更加具体的修改。例如，雇一名软件工程师为公司写一段程序并不代表他今后不能为别的公司写其他程序,即使那家公司从事的是与你的公司相似的业务。你的公司能够做的是设定一个合理的时间限制和/或区域限制,在此限制之内这个人不能从事被视为竞争的活动,包括直接竞争——创立自己的公司,或间接竞争——为竞争者工作,并利用在你的公司所掌握的知识为竞争提供帮助。在考虑这一条款时很重要的一点就是咨询你的法律顾问,确定哪些要求是合理的,哪些是过分的。大多数法庭都认为,从公共政策的角度出发,人们工作对社会是有益的,因此法庭并不欣赏雇主如此苛刻地限制雇员未来的工作。例如,如果雇主禁止雇员在离开公司后数年内从事相同的行业,或要求雇员不得在公司所在州及相邻6州内工作,法庭很可能会推翻这样的规定,甚至对公司罚款。你不能阻止雇员从事他的工作,尤其是如果他的知识和技术是在为你的公司工作之前通过长时间的学习而获取的。然而对于雇员利用在为你的公司工作期间所获得的信息从事活动,你可以在合理的范围内对其尽量限制。

发明创造、商业秘密、商业创意

就像上文所述,当你的公司雇人来开发某项业务、培育某个创意、创造新的产品、服务方式或理念时,明确这些产品的所有权是非常重要的。雇佣协议里应该有一部分条款要求雇员承认在以下情况下创造的理念、发明和改良都为公司所有:1. 与公司现有的、计划的或正在研究中的业务,或实际的、预期的研究相关的;2. 雇员利用公司的设备,包括软件平台,所得出的成果;3. 雇员利用公司商业秘密、资产或信息等得出的成果。在此条款后你还应该设置另一个条款,要求雇员将这些理念、发明或改良的所有权力转让给公司。

任期的终止

雇员早晚会离开公司。保护公司不会因非法解雇而遭到起诉的最好办法就是设置任期终止的条款，即对某些情况作出规定，如终止雇员任期的条件、预先通知的要求以及在没有通知的情况下解雇雇员应支付多少赔偿金等。在本条款下，你应该制定一项"任期自然终止"的条款，即你或雇员可以选择终止任期，不需要提供理由，只需向对方提供充分的书面通知。除此之外，协议中还应规定双方可以在任期结束后选择不续约。与"任期自然终止"对应的是"任期因故终止"，规定了因某种原因解雇员工的情况，如：哪些是不可接受的行为，哪些行为可以导致立即解雇以及何种情况下公司会在充分通知后解雇员工。你也可以设置一个条款，规定公司在何种情况下会违反雇佣协议，但一般除了不发工资以外没有什么其他内容。

  签订雇佣协议的目的是保障你的利益，也就是发起人的利益，所以你可能还希望将公司违反协议的其他情况写进去，例如董事会对你的工作职责做出本质性改变，从而构成了变相解雇的情况。

  如果公司已经进行了股票分配，却暂未授予或暂未完成授予股票期权，那么对于未授予部分的期权必须有明确的规定。（"授予"这个术语用来描述股票所有权在一定时间内的转让方式。例如，每年公司以月度为基础向雇员分配120股股票，这就意味着公司每个月授予雇员股票的数量为10股。因此如果雇员6个月后离开公司，他只能得到60股的股票，而无权得到剩余的60股。）另外，你可以考虑在协议中规定公司有权以较低的价格回购雇员在职期间所认购的股票。这种回购条款多见于私人持股公司[①]，因为在私人持股公司中，股东数量越少越好。你还可以将你，也就是发起人与公司之间的回购方案写入雇佣协议，特别是在投资者正准备买走你全部股票的时候。另外，如果你的公司正在考虑上市，作为发起人你可以增加一个条款，让自己有权在公司成功上市后保留股票或将股票兑换

---

① 私人持股公司，即不上市的非国有公司。

为现金。如果你还能在发起人雇佣协议的非竞争条款中加上回购方案就再好不过了。

在雇佣协议中发起人需要考虑的另一个方面是估值的问题，即在投资者购买你的全部权益并终止你与公司的关系之前对公司业务价值的评估。请第三方对公司价值进行评估会保证你的股权得到合理的评价，并让你在组建公司时所付出的时间与心血得到充分的回报。

本章末尾除了雇佣协议和合同工服务协议外，还有一份发起人/关键雇员雇佣协议。

《雇佣法》入门

我们在"雇佣协议及其要点"中简单谈了一下如何避免公司因非法解雇或变相解雇而遭到前雇员起诉。下面将简单介绍一下雇佣法的几个基本概念，让你对这个领域有一个大体的了解。同本书其他内容一样，本节内容只是宽泛的描述，不能替代专业的法律建议。本文的目的只是对与雇佣关系相关的主要法律进行介绍。

《公平劳动标准法》（FLSA）

本法案属于联邦法范畴，涵盖的内容包括最低工资、同工同酬、加班、童工，以及公司对雇员的档案记录义务。适用《公平劳动标准法》的主体包括从事商业、商品生产、加工、销售或产品运输，且销售收入总额大于50万美元（不管产品是不是自己生产的）的公司。此法案还管辖所有从事跨州生意的公司，不管公司从事何种业务。这基本上涵盖了所有的公司，因为一家公司从原料采购、销售一直到广告营销的所有工作不太可能只在一个州内完成。

如果你的公司在《公平劳动标准法》的管辖范围之内，那么你必须执行最低工资标准。这个标准由联邦政府决定，并经常变化。

撰写本书时联邦政府规定的最低工资标准是 5.15 美元 / 小时。如果你的雇员在工作时可以得到小费，你可以说他们通过小费（不得超过最低工资标准的 50%）取得了部分收入，但你必须可以证明他们的总收入，包括工资和小费，已经达到了最低工资标准。

如果雇员一周工作时间超过 40 个小时，你必须支付加班费。加班费一般以雇员正常工资的 1.5 倍来计算，但根据雇员类别的不同也有例外。如果你想以别的方法来计算加班费，最好先联系一下美国劳工部，看是否有雇员的加班费可以以较低的比率计算。

说到工作间休和午饭时间，就经验来看，如果时间少于 20 分钟则会被记入工作时间，公司依然需要支付薪水。但 30 分钟或更长的午饭时间则不在计酬时间内，但前提是雇员在此时间内已经放下工作，并且也不被强制要求留在桌前或工作间内吃午饭。

《公平劳动标准法》还规定雇员每年都要收到 W-2 号表格，用于记录工作时间、工资额及享受的法定抵扣项目。因此保存好这些记录是你工作中必不可少的一项内容，只有这样你才能在劳工部的检查中拿出一份完整无误的表格。

《公平劳动标准法》对童工有着严格的规定。雇用 16 岁以下儿童一般都是被禁止的，但儿童本人是公司所有人的除外。另外，此法案还禁止儿童从事危险工作，如采矿，或在危险工作场所附近工作，如重型制造业或机械加工业、运输业、仓储业或建筑业。

1964 年美国《民权法案》（CRA）

《民权法案》是另一部联邦法律，其目的是防止雇员成为雇主歧视行为的对象，这里所说的歧视包括种族、肤色、性别、宗教、原籍等。《民权法案》中有一部分涉及如何对待工作中的孕妇，这些条款禁止雇主以怀孕为理由拒绝雇用孕妇，或将孕妇调离岗位，除非雇员由于怀孕无法从事这项工作。《民权法案》还对性骚扰作出了规定，要求雇主提供安全的没有骚扰的工作环境。此法案还可以为投诉雇主的雇员提供保护，此保护对帮助此雇员进行投诉的其他雇员也有效。

《雇佣年龄歧视法》（ADEA）

经过几十年的发展，《雇佣法》已经健全不少，近期出台了一部《雇佣年龄歧视法》对《雇佣法》进行了补充。在制订《雇佣年龄歧视法》之前，年龄从不被视为一个可能引发歧视的因素。但工作方式的巨大变化使很多可以胜任某项工作的人得不到工作机会，因为雇主认为虽然这些人更能胜任工作，但其他人更年轻、要求的薪水更低。还有的雇主为了把工作机会留给年轻人，便禁止超过某个年龄的人申请该份工作。《雇佣年龄歧视法》规定公司不论在雇用还是解雇时都不得因年龄歧视他人。另外《雇佣年龄歧视法》还规定公司一般情况下不得强迫某人退休，但对于管理人员，如果他已经达到65岁，且任管理职位2年以上，就会有其他的强制退休规定。

《美国残疾人法》（ADA）

另一个需要讨论的法案是《美国残疾人法》。患有失明、耳聋、口吃、大脑性麻痹、癫痫、肌肉萎缩、多发性硬化症、艾滋病、癌症、心脏疾病、糖尿病、智能缺陷及情绪性疾病的病残人士在被雇用及解雇时将受到《美国残疾人法》的保护。但是病残人士在依靠此法案的时候必须证明他们达到了工作要求并在身体上可以胜任此工作，或在雇主对工作条件进行调整后可以胜任工作（如为轮椅安装斜坡通道）。但是，如果雇主可以证明为此病残人士进行的调整代价高昂，远远超过了此人的工作产出价值，那么也不构成歧视。

《职业安全与卫生法》(OSHA)

《职业安全与卫生法》用来保护雇员不被强迫在与有害物质接触的环境中工作。标准的办公室环境一般不会涉及此法案，但在制造业、餐饮业、农业、医疗副产品和医疗垃圾等产业就经常被提及。该法案要求雇主提供安全健康的工作环境，并通过利用面具或呼吸器等保护设备，或通过改造工作场地，如安装废气排放或通风装置来最大限度地降低雇员的危险。

劳工保险

不管雇主和雇员尽多大的努力，发生工作事故的可能性还是存在的。劳工保险的目的就是保护雇员在发生工作事故后不会因失去工作能力而陷入贫困。雇主可以通过以下方式取得劳工保险：1. 为工作事故购买保险（遵守劳工保险规定的最常用方式）；或 2. 建立自行保险基金，可以由单个雇主建立，也可以由多个雇主联合建立。如果雇员在未取得劳工保险的情况下发生工作事故，雇主可能因此遭到起诉。

劳工保险并不适用于合同工。在准备雇佣协议或合同工服务协议的时候，你一定要明确你雇的是雇员还是合同工。法庭不会轻易让雇主把雇员变成合同工从而逃避支付劳工保险赔偿。

1988年《雇员测谎保护法》(EPPA)

没有法律涉及不到的地方。《雇员测谎保护法》规定，强迫应聘者或雇员进行测谎仪测试，即使作为一种面试方式，都是非法的。但特殊情况除外，如工作中会接触某些管制药品的雇员。

1986年《电子通信隐私法》(ECPA)

在未取得雇员的明确同意时对雇员工作中的谈话和行动进行窃

听或监视是违法的。所以在你需要进行监视（如银行或珠宝行内）或电话监听（如电话营销或客服等）的时候，你必须向雇员解释清楚并事先取得他们的同意。

《家庭医疗休假法》（FMLA）

在本法案的规定下，雇员每年可以以医疗或处理家庭事务为由取得最高不超过12周的无薪假期。这包括雇员因生育或领养申请的假期、照顾患有严重疾病的直系亲属的假期或因严重健康问题无法工作而取得的假期。《家庭医疗休假法》规定雇员必须在休假前30天通知公司，虽然有时这并不现实，尤其在发生家庭变故或紧急医疗问题的时候。

再次提醒你，本章只是大体介绍一下你的公司可能遇到的与雇佣有关的问题，并未涵盖所有问题且不能作为具体的法律建议或法律帮助。

员工福利计划

对于能否吸引到公司成长和发展所需的人才，员工福利计划可能是一个关键因素。创业公司常常在资金方面捉襟见肘，因此公司需要采用一些灵活的、具有创造性的办法来弥补这一点。

员工福利大体可以分为两种——一种是传统福利，例如医疗及牙科保险、退休金计划、休假津贴及病假津贴；另一种是股权福利，例如授予股票期权、采取激励性股票期权计划、提供分红方案和业绩奖励等。在考虑如何实行员工福利计划时，对公司有利的做法是考虑设置两个单独的福利计划，第一种包含传统福利，所有员工都可以享受到；第二种包含股权福利，只有部分员工可以享受到。

下文简单介绍了在你的公司员工福利计划中可以包括的几项内

容。我们按照上文所说把这些内容分为传统福利和股权福利。我们建议，你在得到律师和会计师的法律与财务意见之前，不要尝试实行计划。

传统福利

健康保险计划

从大多数保险公司都能买到健康保险，但保险范围各有不同。健康保险计划的内容包括健康维护组织（HMO）[①]提供的保险、牙科和眼科保险、短期与长期残障保险、寿险、医疗报销、自助餐式医疗计划及急诊入院保险等。计划的优厚程度与险种数量区别非常大，这需要你花费一些时间与精力为你的公司挑选一种最合适的方案。保险费可以全部由公司负担，也可以按照一定比例同公司雇员一起负担。

实施健康保险计划的费用可以在公司计税收入中进行抵扣，而且大多数雇员也同样可以在自己的计税收入中将其抵扣。但如果健康保险计划中包含团体保险，就要看政府的具体规定了。

延税退休计划

延税退休计划是由雇主设立的，公司代表雇员支付福利款。这笔钱通常由另一家组织接收，并进行管理和投资。这些钱在支付时可以进行课税抵扣，但雇员在未来把钱取出来的时候必须对其缴税。从课税的角度来看，公司不需要对这部分钱缴税，所以这种计划对公司颇有吸引力，但同时，这种计划也受到政府各种繁杂条款的约束以及国税局和劳工部的持续监管。

---

① 健康维护组织（Health Maintenance Organization），也称卫生维护组织，是美国定期向参加者收取一定的保险费，并提供一定的维持健康的医疗服务的组织。

401（K）条款计划

401（K）条款计划允许雇员参加某些享有税收优惠的退休分红计划或股票红利计划，并可以选择是以现金形式享受福利还是让公司将福利投入延税福利计划中。投入到雇员401（K）计划的钱或股票都可以进行课税延迟，税金在钱被取出时按正常税率缴纳。另外，公司还可以与雇员协商签订降薪协议，通过这个协议雇员可以选择将年度加薪、奖金及其他收入直接投入到401（K）计划中去，借此降低自己的计税收入。

其他福利

雇员还可以选择其他福利，并根据所选福利不同调整自己的福利费率。这些福利包括免息贷款、公车（只用于公司业务）、财务或退休规划及顾问服务，以及公司出资让雇员加入健身馆或其他俱乐部。

基于股权的福利

股权是创业公司所能提供的最具吸引力的福利之一。如果你的公司有绝妙的商业创意，并很可能取得成功，那么公司股票就很可能升值，甚至大幅升值。因此如果雇员以股票作为自己福利的一部分，他很可能在将来出售股票时大赚一笔，或者在公司赢利后拿到股票分红。虽然这种成功和赢利的可能性并不是百分之百的，但发大财的可能性还是有的，而且这笔钱可能比雇员直接接受的现金酬劳要多得多。

股权福利有多种形式，包括直接授予股票，授予激励性股票期权（在未来购买股票的权利）、影子股票（见下文）和股票升值权益（SARs）。很多情况下，雇员通过一种或多种形式取得的股权可以按照特殊的资本收益税率缴税，由此最大限度减少缴税额。

购股计划

雇员可以通过购股计划，以等于或低于市值的价格购买公司股票。这是授予雇员股权最简单的一种方法。但从激励员工的角度出发，非常重要的一点是你应该将购股计划同雇员的表现联系起来，例如可以为雇员提供购买股票的无息贷款。你应该点燃员工的工作热情并让他们有一种参与感，而不仅仅是做一名冷冰冰的股东，这样做才是对公司最有利的。另外你可以考虑实行一个股份行权计划，来鼓励你的雇员为公司工作。股份行权计划规定雇员必须为公司工作一定时间后才能取得所购买股票的全部所有权。如果雇员的工作时间没有达到先前协商的要求，他必须按比例将所购股票的一部分再卖回给公司，或者他必须放弃未来配股①的权利。通过股票的授予时间表，你的公司可以进一步巩固股东地位，并鼓励员工长期为公司工作。

激励性股票期权计划

激励性股票期权计划同购股计划相似，不同的是在激励性股票期权计划中，雇员并不实际购买股票，而是被授予了在某个时间段内购买股票的权利，而价格通常比购买时的市场价格低。雇员可以根据公司股票市值或其他因素来决定是否行使全部或部分认股权。激励性股票认购权的行使并非强制性的。另外，根据不同期权计划，雇员在行使认购权购买股票前可能不用承担任何课税负担。

股票期权计划有两种："强制性计划"与"非强制性计划"，两者的区别主要在于课税。强制性计划必须遵守各种政府规定，一般情况下雇员要为得到的期权缴税，但税率会比其他获得福利的方式低。非强制性计划中，雇员在行使认购权，而不是获得期权的时候

---

① 配股（allotment of shares）：是上市公司向原股东发行新股、筹集资金的行为。

缴税，但税率没有任何优惠。

一般来说，如果实行期权授予计划，你就要对所有合格的雇员，而不是挑选其中几名，授予期权。但授予股票期权的数量可以按照福利程度的不同，或根据其他先前已经约定的标准而有所区别。

影子股票与股票升值权益

影子股票实际上可以看做一种延迟发放的奖金，用于在公司股票升值时让雇员享受经济利益（但并不能在课税方面获利），并避免在股票贬值时遭受损失。通常的做法是授予雇员股权，但只在公司文件中进行记录，并不实际发放股票。这种股权同股票地位相等，雇员可以享受红利及股票拆分[①]。在某个约定的时间，公司对影子股票进行估价，然后向雇员支付同等价值的现金、股票、或部分现金加部分股票。公司可以在某个时间段内分多次支付，借此调整税率，并使公司享受相应的税收抵免。

在激励性股票期权计划的基础上再使用影子股票计划的一个好处是雇员不需要向计划支付一分钱就可以享受福利。另外，如果雇员选择取回现金，公司已发行股本不会受到稀释。即使雇员选择以股票形式享受这项福利，他得到的股票也早已记录在公司财务报表中，因此也不会稀释公司的已发行股本。

使用影子股票计划的一个缺点是它会带来一些财务上的麻烦，增加公司每年的记账成本。例如，不确定的公司利润会导致影子股票的价格波动，从而要求公司对净利润进行调整。

股票升值权益同影子股票类似。如果雇员获得认股权的股票在雇员行使认股权时升值了，那么雇员有权得到升值差价。假设你以1美元/股的价格授予雇员100股——即总价100美元——的股票升

[①] 股票拆分（stock splits）：是指将公司已发行的优质股票拆分为更大的数量，使得每股价格降低，增强股票销售力的同时保证现有股东的股份比例。

值权益，如果雇员行使认购权时，股价为 5 美元 / 股，那么雇员有权得到股票的升值差价，也就是 400 美元。

股票升值权益不会给公司或雇员带来任何课税负担。但在行使认购权时，雇员需要为所得收入缴税，同时公司得到课税抵免。

同影子股票一样，股票升值权益也会给公司带来财务上的麻烦。公司收入的波动会引起股票增长价值的变化，因此你需要对公司财务报表进行额外的调整。

富爸爸小提示

● 如果你的公司规模较小，而且你也不想提供股票期权计划或其他福利计划，那你就不要轻易对雇员许诺。

● 你的雇员会对你的承诺抱有希望，如果最后你没有实行计划，他们会非常生气——甚至提起诉讼。

以上几点是你在制订员工福利计划时需要考虑的方面，但这并不能当做法律或财务建议。在公司实施任何一种员工福利计划之前，你都应该首先确认你已经就所有相关的问题同法律顾问和财务顾问商讨过了。

下面列举了你的公司管理人员，尤其是公司首席执行官和董事长，需要具备或应当具备的能力。

管理技巧，包括团队管理；激励、组织和分配任务的技巧；培养、指挥和管理员工的能力；战略性思考和分析的能力、解决问题的能力；创新能力；技术专长。

社交技巧，包括口才和书面沟通能力；谈判与合作能力；是否善于听取意见以及是否全情投入工作。

个人魅力，如热情、主动性、对成就的渴望；另外还有是否善于自我激励、是否能承受巨大压力以及是否能谨慎地处理风险。

公司管理人的权力、职责以及应具备的素养

首席执行官
● 公司的一般监管义务。
● 主持所有公司会议。
● 常常兼任董事会主席。
● 有权签署所有公司文件、股票及其他文书。但法律规定只有董事长有权签署的文书除外。
● 通常担任公司所有常务委员会的当然成员。

董事长
● 可以兼任首席执行官。
● 可在董事会主席缺席的情况下代替其行使职权。
● 权力范围限定于对公司有益的一般业务，包括，但不限于：召开股东特别会议；确定管理人报酬；委任或罢免管理人；规定下级管理人的职责。
● 代表公司实施授权行动的权力。
● 有权执行股东授权并批准的行为，除非其权力受到公司执照、章程或内部章程的限制。
● 如得到董事批准，董事长也可执行未授权的合法行为。

副董事长
● 协助董事长的工作。
● 通常担任公司管理层的重要角色。
● 如董事长缺席、死亡或丧失行为能力，副董事长代替其行使权力及职责（但有时副董事长行使某些权力需得到股东的事先批准）。
● 无其他权力、无明确授权不得管理公司或约束公司行为。

公司书记员
● 保存公司会议记录，管理公司印章（如公司有印章的话）。
● 董事长或董事可赋予书记员的其他权力包括：为年度会议准备股东名单；签署公司文书。

续表

● 其权力基本由公司业务性质与其他管理人的权力决定。 ● 书记员权力可与财务主管、总会计师或审计员重叠。
财务主管 ● 通常的权力包括：看护、监管和维护公司资金及证券；维护账本及账目记录；准备财务报表；支出公司资金。 ● 其他被董事、委员会赋予的权力，或执行董事长或首席执行官的命令。 ● 通常在财务委员会任职，并担任其他管理人在财务问题上的顾问。
总经理 ● 执行公司常规性事务。 ● 具体职责根据公司规模和性质不同而不同，由董事、委员会或董事长/首席执行官具体指定。 ● 权限可以限定于公司部分业务的总体性管理，如生产或销售。
总会计师 ● 最高会计长官，权力包括，但不限定于：公司财务记录的保管与审计；准备财务报表；监督公司会计工作。 ● 同审计委员会、外部审计员、债权人和公司律师的协作。
管理人助理 ● 完成董事和其他高级管理人分配的工作。 ● 高级管理人缺席时可代替其行使职责（如有多名助理则以权力高低排位）。

发起人/关键雇员雇佣协议

本协议于201__年__月__日签订。

甲方：

［公司名］，于［公司成立所在州名］成立，公司注册办公地址为［地址，可以使用你的公司地址］。

乙方：

［个人名］，居住地址为［地址］。

协议内容：

(a)［本条只适用于发起人］甲方、乙方及［投资者名称］已签订并执行了《认购协议》与《股东协议》(签订日期分别为［日期］)，按照协议，甲方总发行股本为［数量］，投资者认购其中的［认购股票或证券的数量］，发起人认购［发起人持有股票的数量］的普通股，每股面值为［见公司章程，一般为最小值，如0.001美元或0.01美元］。

(b) 公司主要业务为，且［发起人/关键雇员］为本行业公认的权威专家。

(c)［本条只适用于发起人］协议各方均认可发起人所掌握的知识与经验为公司业务不可或缺之重要组成部分。公司部分投资者正是由于发起人的此种知识与经验而同意投资公司。

(d) 公司与［发起人/关键雇员］立此协议，要求其担任公司的「职务名称，如董事长、首席执行官等］，利用所掌握知识为公司工作。［发起人/关键雇员］同意公司的此项任命。

根据双方达成的承诺、约定、任期及其他条件，双方达成以下协议条款：

1. 雇佣协议。甲方同意委任［发起人/关键雇员］担任公司的［职务名称］，且［发起人/关键雇员］同意此项任命。任期及条件如下：

2. 任期。本协议于签订之日起生效。以下情况下协议终止：

(a) 协议签订后［6个月、1年、5年等］终止。但发起人或公司可以于首次任期或续签任期终止前90日内通知对方将任期延长［任期延长年数］。

(b) ［发起人/关键雇员］死亡。

(c) 如发生重大违反本协议的情况，协议方可于通知对方30日后终止本协议。

(d) ［本条适用于发起人］如发生重大违反本协议（或股东协议）的情况，协议方可于通知对方30日后终止本协议。

公司或［发起人/关键雇员］根据2(c)条款终止本协议并不代表其可以停止补救由于违反本协议而产生的损失。甲方只有在以下情况下方可被视为实质违反协议：未能遵守以下第3条规定及第4条第2款的规定。

3. 薪酬，即所有在本协议规定范围内的劳动报酬。

(a)(i)甲方应每年向［发起人/关键雇员］支付基本工资［数额］，每1个月或每2个月支付一次。此工资额应在协议期满或续签期满之日重新进行审查与调整，调整工资时应参考劳工部发布的本地生活水平指数。董事会对调整工资拥有绝对权力，如公司利润增长，则董事会应本着增长工资的原则进行调整。

(ii) 如果［发起人/关键雇员］连续［天数］天失去工作能力，则甲方在对［发起人/关键雇员］进行通知后向其支付条款(i)所规定的其应得工资。此后甲方不再对

［发起人/关键雇员］承担3（d）和（e）中所规定的义务。失去工作能力是指由于疾病或伤残无法有效履行其职责。

(b) 在第一个任期内,［发起人/关键雇员］应享受激励性薪酬。甲方应于向［发起人/关键雇员］交付年度审计报表后的30日内向其支付。审计报表应含有以下内容:

(i)［公司取得的毛/净利润］或（ii）［双方约定或业绩标准］;年激励性薪酬最高不应超过［数额］。

(c) 如本协议终止,或甲方按照3（a）（ii）条款通知［发起人/关键雇员］终止本协议,则应首先计算出在未终止协议的情况下此税务年度应得的激励性薪酬,然后用此数额除以365,再乘以协议终止之前的天数,并向［发起人/关键雇员］支付所计算出的激励性薪酬。但如果终止协议的情况符合2（c）条款,则［发起人/关键雇员］不应取得此薪酬。

(d) 在协议规定的任期内,［发起人/关键雇员］应根据公司规定享受其任期、工资、年龄、健康状况和其他条件所允许的所有雇员福利计划。福利计划应包括全套健康、牙科及收入保险,［星期数］星期的带薪假期,其他退休金计划和分红计划。以上福利计划必须首先得到董事会的批准。

(e) 甲方须向［发起人/关键雇员］免费提供公司自有或租用的汽车,品牌与型号由公司确定。甲方还须为[发起人/关键雇员]购买至少［时间］的人寿保险。

(f)［发起人/关键雇员］在履行工作职责时产生的所有费用,甲方应对其进行补偿,但［发起人/关键雇员］必须根据公司规定提供有效收据或其他证明。

4. 职责。除非甲方按照3(a)(ii)条款通知[发起人/关键雇员]终止本协议，否则[发起人/关键雇员]应担任公司[职务名称，如董事长和首席执行官]并在任期内忠实履行董事会委派的所有与公司经营有关的工作。董事会如认为改变[关键雇员]的职务与职责有利于公司的利益，则董事会有权对其职务职责作出改变。如在本协议任期内[关键雇员]被推选或任命为公司董事、管理人或其他职务，则[关键雇员]在担任新职务时其薪酬不变。

4. [或，本条适用于发起人]职责。除非甲方按照协议第2条通知[发起人]终止本协议，否则[发起人]应担任公司[职务名称，如董事长和首席执行官]并在任期内忠实履行董事会委派的所有与公司经营有关的工作。在本协议规定的任期内，[发起人]应担任公司高级管理职务，并取得相应报酬、头衔、地位等。如在本协议任期内[发起人]被推选或任命为公司董事、管理人或其他职务，则[发起人]在担任新职务时其薪酬不变。

5. 职责范围。除非甲方按照协议第2条通知[发起人/关键雇员]终止本协议，否则[发起人/关键雇员]应利用其所有时间与精力履行公司职责。[发起人/关键雇员]不得在协议任期内(不论是否在工作时间内)从事其他职业或商业活动，不论所从事活动之目的是否为获取收入或其他经济回报；但以下情况除外：

(a) 以个人资产进行商业投资，但所投资项目不得与甲方存在任何形式上的竞争关系，且[发起人/关键雇员]只能参与投资，不得参与所投资公司的经营或其他事务。

（b）购买任何一种可正常交易的股票。但对于和甲方存在竞争关系的公司，［发起人／关键雇员］不得持有此公司股票总额5%或5%以上。

（c）在取得董事会许可后参加研讨会，准备、发表论文或书籍，或进行教学活动。［发起人／关键雇员］在进行以上所列活动之前必须以书面形式通知董事会。

6. 信息披露。

（a）［发起人／关键雇员］向公司提供附表A中的信息并保证其真实性：

（i）［发起人／关键雇员］的前雇主、客户、公司负责人、合伙人以及其他自［时间］起与之发生过工作关系的人在其从事任何商业活动（不论是否为营利活动）时对其拥有的权力。

（ii）目前［发起人／关键雇员］有权从事的所有商业活动（不论是否为营利活动）。

（b）［发起人／关键雇员］承认以下事实：甲方的商业机密、产权信息和工艺为公司经营之不可或缺的重要组成部分，且是［发起人／关键雇员］履行职责的基础。［发起人／关键雇员］在任期内不会因任何原因向任何人、任何公司或任何组织泄漏此类商业机密、信息或工艺，或为任何个人、公司（甲方除外）或组织谋利。［发起人／关键雇员］同意以下所列各项：与公司经营有关的所有备忘录、书籍、论文、信件、公式，以及其他资料和复印件，不论是否为［发起人/关键雇员］发明，皆为公司财产，且任期结束后按照公司要求归还公司。

7. 发明。［发起人/关键雇员］在任期内将所有与发明、创意、改良和其他可享受版权保护的有关材料的使用权、所有权及其他利益出售或转让给甲方或甲方指定的个人或公司，不论此发明、创意、改良是否为［发起人/关键雇员］独立工作的成果。本条款包括的发明、创意、改良和其他可享受版权保护的材料包括：

（a）公司或其附属公司出售、使用、租赁或正在制造开发的方法、设备、设计、产品、工艺或仪器；

（b）与公司或其附属公司经营、职能、操作有关的其他成果；

（c）［可选项］完全或部分因［发起人/关键雇员］任期内的工作而得出的成果。

不论是否处于任期之内，［发起人/关键雇员］都应向甲方提交正式转让文件，使甲方或甲方指定的任何个人或公司有权提交并获得专利或版权。在本协议规定任期结束后的［年数］年后，［发起人/关键雇员］仍然受本协议之条款约束，除非［发起人/关键雇员］可证明其拥有的发明为任期结束之后独立创作之成果。

8. 竞业禁止。

（a）在本协议任期内及任期结束后的［年数］年内，［发起人/关键雇员］不得直接或间接与甲方进行商业竞争，也不得干涉、破坏或试图破坏甲方与客户、供应商、顾问或雇员的关系，包括担任同行业其他公司的投资者（持有5%以上的股权）、管理人、股东或顾问。但因2（d）条款导致本协议终止的除外。

（b）协议双方将在法律及公共政策所允许的范围内尽最大能力履行本协议条款。如本协议部分条款违反法律规定或不具备生效条件，协议双方应删除此条款。

（c）[发起人/关键雇员]的责任义务并不因本"竞业禁止"条款而被减少或免除。

9. 补偿。

（a）[发起人/关键雇员]因长期未履行协议第4、5条规定之责任义务而给甲方或投资者造成的损失不可准确衡量，因此如果[发起人/关键雇员]长期不履行本协议第4、5条规定之责任义务，甲方和投资者（按其股权比例）有权要求[发起人/关键雇员]进行经济补偿，补偿金额为____美元。

（b）如[发起人/关键雇员]违反或可能违反本协议第5、6（b）、7、8条款之规定，甲方有权采取措施停止其违反协议的行为，且甲方的此项权利不因本协议之任何条款受到限制。

（c）如本协议因2（d）条款之规定而终止，甲方不应向[发起人/关键雇员]要求补偿。

10. 保险。甲方应为[发起人/关键雇员]购买意外险及人寿险。[发起人/关键雇员]应向甲方提供体检证明及其他必要信息。

11. 地址变更。

 （a）甲方在工作需要时可要求［发起人/关键雇员］变更其居住地址，且甲方同意向［发起人/关键雇员］及其家庭支付所有因变更地址而产生的费用，包括合理的搬迁费、长途交通费、临时居住（不得超过60天）的费用和购买或出售住所产生的费用，但费用总额不得超过____美元。

 （b）［发起人/关键雇员］的工作地点为［地点名称］，但甲方有权在工作需要时要求［发起人/关键雇员］出差。

编者按

  在各国法律中，员工都被作为相对弱势的群体来加以保护，这就意味着，作为雇主，在雇用员工时要多方面进行考量，既要考虑到法律的倾向性保护，又要尽力使员工给自己带来最大化的收益。

  作为雇主公司，出于利益追求，自然希望最小化雇佣成本，最大化雇员劳动产出。本章中就此提到了公司中最常见到的合同工问题及雇员激励计划。

  合同工也称为劳动力派遣，是指由劳动派遣公司与用人公司签订协议，将与其签订劳动合同的劳动者派遣到用人公司提供劳动。这从本质上说是一种劳动给付请求权的转让。合同工已成为公司在人力资源管理上之新策略，尤其在处处讲究成本节省的今天，运用短期的派遣工日渐成为公司缩减劳务成本的方法。

  如果采取短期劳动派遣的方式，既可减少公司的人事成本，还能使得公司弹性使用人力，增加公司的利润。增加产出的雇员激励计划，是指用具有激励性的薪酬支付方式，提高公司雇员的工作积极性、创造性，发挥其最大工作效能。雇员激励计划包括了员工福利待遇；现金同非现金奖励的支付，如年底分红、风险年金等；缩短奖励间隔时间，保证奖励的及时性；按工作成绩计酬，优质高效多筹；股票奖励形式，包括了收入股权化或股票期权奖励等。

目前我国的《劳动法》也进行了修订，修订后的《劳动法》对雇主雇员间的利益平衡考虑更为周详，保护更为全面，也同欧美国家进一步接轨。如职业危害防护条款、最低小时工资标准、竞业限制期限不超过两年、劳动领域行政不作为将受追究、同一劳动者在同一企业只能被试用一次等。

很多人认为雇主和雇员是一种对立关系，但事实上，二者的关系应该称之为一荣共荣，一损而共损。作为雇主，你的任务便是在合法使用员工的同时，还要用一些激励机制来促使员工为你的公司付出更多努力。形成一个激励——付出——回报的链条。

第12章
如何使用买卖协议

买卖协议的使用者是规模较小的封闭公司的所有权人，用来规定其所有人死亡、离婚、伤残或离开公司时的股权回购事宜。你一般不会在上市公司中看到这种协议，因为不管有什么样的限制，上市公司的股票都是可以自由交易的。

但在小型公司中，人们需要紧密合作并维持良好的工作关系，因此很多人希望对谁有权拥有公司股票进行限制。

请看下边的例子。

案例14 赫尔曼、克罗伊和马迪

赫尔曼、克罗伊和马迪组建了一家公司，并将一项可以给电子商务带来一场革命的技术投入到公司中去。他们在内华达州成立了奥泰股份有限公司，并根据3个人贡献的不同向赫尔曼、克罗伊和马迪发放了25万、10万和5万股的股票。出于个人原因，赫尔曼希望他们能签订一份买卖协议。赫尔曼是这项技术开发工作的领头人，现在他和新婚妻子班贝之间出了些问题。1个半月的共同生活后，赫尔曼觉得她和自己结婚只是图他以后的钱。他们所在州对于夫妻共同财产的规定将会使他所拥有的公司权益半数落入班贝之手。万一离婚，班贝将得到他的股票，从而成为公司股东。要是她在公司里无知地大呼小叫可就太丢人了。他知道买卖协议可以帮他消除这些顾虑。

克罗伊也希望签订一份买卖协议。克罗伊工作严谨,但她的丈夫迪特却有着完全相反的性格。迪特爱好冲浪和摇滚,在工作上得过且过。虽然这也是克罗伊爱他的原因之一,但她知道自己的丈夫在科技公司里根本待不下去。

马迪对签订买卖协议没什么意见。他加入这个团队更多是为了积攒经验,为自己未来的发展铺路,他并不指望在这家公司获得巨大的成功。他还没结婚,在感情和工作上也并非对公司死心塌地,所以再签一份协议对他来说无所谓。

奥泰公司的律师准备了一份50页的买卖协议,大量的条款和标准约定覆盖了每一种可能性。在赫尔曼的坚持下,他们为股票设立了一个面值。他们还购买了保险,这样公司就有钱来买这些股票了。

买卖协议签订6个月后,可怕的事情发生了。一场交通事故使克罗伊不幸致残,虽然她今后可以继续保持相对富裕的生活,但却永远都不可能再工作了。她现在的情况符合买卖协议中伤残的定义。公司决定用保险赔偿的钱按照股票面值购买她的10万股股票。

令人吃惊的是,迪特这个时候站了出来,他一改原先的慵懒,对股票价格提出了抗议。他认为股票价格太低了。他知道公司股票价值远在1美元之上。他说公司购买克罗伊10万股股票的钱比股票实际价值的1/10还少。股票面值是公司购买股票时能够使用的最低价格。这个价格没有体现他们的技术专利的价值,这项专利在市场上的实际价值要比股票面值高很多倍。迪特称他会请一名独立注册会计师重新对公司价值进行评估。

但迪特已经糊里糊涂地签署过配偶同意书,在同意以面值出售股票的文件上赫然写着他的大名。他和克罗伊必须接受10万美元的股票价格。

现在克罗伊已经离开了公司,马迪对公司也逐渐失去了兴趣,而且赫尔曼的独断专行也越来越让他恼火。一天,马迪又和赫尔曼吵了起来,还把他大骂了一顿,然后大吵大闹一番后辞掉了工作,后来他的朋友都说那天晚上他有点喝多了。但他不在乎,公司马上就要上市,他只要卖掉股票就能变成百万富翁。

马迪把签署过买卖协议这件事忘了个一干二净。直到第二天,赫尔曼给他一张5万美元的支票,要求他把5万股股票归还公司的时候他才想起来。马迪聘请了一名律师,争辩说股票价值至少在50万美元。但他已经签了同意以面值出售股票的协议。马迪为自己在公司上市前3个月辞职付出了沉重的代价。

现在赫尔曼是公司留任的唯一一名发起人了。但他也有自己的烦心事:班贝。他很清楚两个人早晚会分开。班贝总是让他丢脸,而且他越来越确信班贝是冲着他的钱和他结婚的。

赫尔曼起诉与班贝离婚。班贝聘请了自己能找到的最厉害的离婚律师。律师威胁说他可以证明班贝是在胁迫之下签订买卖协议的,而且并不完全知晓此协议的意义和内容。他说法庭在处理夫妻共有财产中的股票时根本不会考虑股票的面值。他还威胁说要把赫尔曼怪异性行为的照片公之于众。

虽然赫尔曼的律师没有被吓倒,但他很清楚他们必须做出妥协。最后双方就一个折中方案达成协议,根据股票面值和公司上市后的预期市值,赫尔曼给班贝一部分财产补偿。赫尔曼对结果很满意。如果没有买卖协议的话,他(或者公司)必须以最高价格买得班贝的股票。

其他人就没那么高兴了。因为把股票价格定在其实际价格之下的买卖协议让他们吃了大亏。这对他们是个教训。

富爸爸小提示

- 一定要让你的律师审查买卖协议中的条款。
- 记住,公司律师代表的是公司——而不是你个人。

编者按

本章中所提及的买卖协议,应称其为股份的回购,是小规模封闭公司的特有产物。正如文中所说,大的上市公司,除了个别股票持有者的股份要到特定期限才可自由交易外,其绝大多数的股份都能够自由买卖,所以不涉及到公司的买卖协议问题。

前文提到,小规模封闭公司,其投资者的结合绝不单单是一种资金的结合,他们的合作还包括一种相互信赖和依靠的关系,一旦某一位成员不在,或者哪一位成员被替换,都可能导致整家公司设立的基础即人与人之间的非金钱关系基础不复存在,也就极可能导致公司的终止或解散。因此,无论哪一个成员的变动,都堪称牵一发而动全身,这就给其成员的权益转让带来困难。

通常,在这些小规模封闭公司中都会存在一些权益买卖协议,也就是股份的回购协议。一旦有成员死亡、丧失行为能力或退出时即可适用。这样的买卖协议从本质上讲就是公司自己的钱来买自己的股份,对此法律上存在着诸多的限制,这是一种特例,是公司为保障完整性,防止外部人进入公司的一项无奈之举。

第13章
公司的终止

因为每个人在创业时都满怀希望,所以很少考虑公司关门的时候会发生些什么。但你不应该因此忽略公司解散的问题。把有关公司解散的几条基本原则搞清楚并提前做好准备是十分重要的。不论你是关门停业还是解散现有公司将业务转至别处,从一开始你就要准备好一些手续。以下是不同公司类型在解散时会涉及的问题。而且,就像在本章最后部分说明的那样,解散并不适合所有情况。

有限合伙公司

有限合伙公司应在合伙协议中对解散、清算、终止及结束合伙作出明文规定。解散合伙意味着公司进入清盘程序并开始清算;所有这些程序都完成后才可以宣告公司终止。

在起草合伙协议的时候,你必须将允许或要求解散合伙的各种条件考虑在内。对于短期经营,你可以在解散条款中设定一个解散合伙的具体日期。更多时候,解散条款中对于解散条件会作如下规定:

- 最后一名普通合伙人脱离合伙关系，除非多数有限合伙人被允许在短时间内经营公司并找到一名新的普通合伙人；
- 如公司在某设定时间内未达到预期财务目标；
- 法庭判决解散；
- 合伙状态违反法律规定；或
- 所有资产与其他大部分（大于90%）公司财产被出售。

通常，合伙协议里会明文要求普通合伙人在提出解散合伙前必须征得有限合伙人的书面同意。或者也可以规定在以书面形式取得普通合伙人的一致同意后，还须取得多数有限合伙人的同意方能解散合伙。另外，合伙协议可以规定如果某普通合伙人违反协议且未能在规定的时间内进行补救，那么未违约的普通合伙人联合多数有限合伙人可以表决立即解散合伙。

合伙协议中应明确规定解散公司时结束合伙的具体步骤，且应留出足够的时间以完成清盘工作，包括资产清算、会计决算及结清账目。除非法庭判决强制公司解散并指定一名负责清盘的人，否则由普通合伙人承担此项工作。如果公司已经没有普通合伙人，则由有限合伙人共同完成清盘程序。你所在州的州政府很可能会要求你提交一份表格对此进行说明。

有时候州法会规定清算时如何分配财产，但很多州也允许在合伙协议中规定如何进行财产分配，但前提是规定合乎情理。一般的模式是首先满足债权人的债权；其次偿还公司合伙人的债权；最后，如果还有钱的话就对所在课税年度的赢利与亏损进行计算，然后根据每位合伙人的资本账户余额进行分配（在余额为正的情况下）。一般所有的分配工作必须在课税年度内或法律规定的其他期限内完成（通常为清算开始之日起90日内）。

但如果出现亏空怎么办呢？一般来说，如果完成上述计算后普通合伙人的资本账户出现亏空,那么他必须在分配期限内补平亏空才能将账目结清。有限合伙人无需补平他们的账户亏空,因为在公司责任面前有限合伙人是受到保护的。对有限合伙人的最高亏损额的限制与亏损对有效收入的抵消,你需要在合伙协议里专门作出规定。

有限责任公司

对于有限责任公司的解散有专门的规定。我们在前面说过,各个州对有限责任公司进行规定的法律条文有非常大的差别,而且有限责任公司至今仍属于新兴的公司类型,判例法中没有足够多的案例来支持现实会涉及的每一方面,因此你必须十分小心地确认公司在其注册地所在的州受到哪些法律的管辖。以下是几条经常出现的条文(重申一遍,你必须搞清楚你成立公司的那个州对有限责任公司有什么要求与限制)。

满足以下条件后公司方能解散:在表决中多数成员同意解散,且同意解散的成员所持权益超过权益总额之半。

有限责任公司的解散条件与有限合伙公司的解散条件类似:有限责任公司经营到期;有限责任公司资产被出售;法庭判决;成员表决同意解散且支持解散的成员所持权益超权益总额之半(有时也可以是多数成员同意解散或所有拥有表决权的成员一致表决同意解散)。另外,死亡、退资及其他使成员无法履行其职责的事件也可导致公司解散。

清盘程序由管理人成员完成,如管理人违约或已离开公司,则由剩余成员完成。此时公司除了接受清盘以外不得有任何其他行为。大多数情况下有限责任公司解散时还必须通知公司所有的债权人及有可能触及其合法利益的当事方(如起诉公司的原告)。

公司财产分配顺序按照组织章程和经营协议的规定执行。一般财产分配从支付债权人开始，其次是支付清算产生的费用（包括承担清盘工作人员的报酬）；此时如果有其他可预见的费用则可预留一部分钱以备未来之需（如未到期的贷款或未判决的诉讼）；如有成员曾借钱给公司，则对成员进行还款；最后将剩下的钱分给各个成员（同有限合伙公司一样，按照正的账户余额计算分配额）。如果是法庭判决公司解散，一般判决文件中会详细规定分配事宜。

一般成员不需补齐账户亏空，但如果某成员未履行出资义务或出资额不足，则公司章程或经营协议可规定其他成员有权追索其所欠资金。一般这种追索只能在公司解散之前进行，但如果有合适的文件证明该行为合理，那么也可以在公司解散后向成员追索所欠资金。如果在进行分配时公司资金不足，则公司无法为产生纠纷的成员进行补偿——公司能利用的只有公司资产。但如果经营协议另有规定，成员也可以要求其他成员按照其出资义务支付款项甚至作出赔偿。

股份有限公司

股份有限公司的解散需要得到董事会及股东的批准。大多数州都会要求股份有限公司（在某些州，有限责任公司与有限合伙公司也要遵守此规定）在取得董事会及股东的批准后必须向州政府提交文件证明公司解散已经得到批准，并附一份处理解散事宜的董事名单。

此后董事将履行公司债权、出售动产及不动产并结算公司账户。在支付过成本、费用，排除一般留置权与特别留置权下的财产后，董事将所有到期债务结清。如无足够资金偿还，则公司按比例对债权人清偿债款。如将所有费用和债款支付完毕后还有剩余资金，则按优先权对股东进行支付。记住，优先股股东比普通股股东拥有更高的清算优先权。

此时要注意非常重要的一点，即如果董事向股东支付前还有未结清的债务，那么债权人可追索董事的个人责任。

在某些州，如某股东所拥有的已发行股票超过某个比例（例如，在内华达州这个比例为10%），他就可以向本地法院申请解散公司的指令，并指定一名接管人处理解散事宜。这一般被称做"被动解散"。遇到这种情况，你一定要聘请一名律师。记住，你作为管理人、董事或股东，是不能以个人名义代理（在没有律师的情况下）公司的。公司是独立的法律实体，在法庭上只有律师能担任其代表。

法庭会指定接收人的情况包括：

- 董事蓄意违反公司章程
- 公司资不抵债或无力偿还债务
- 放弃经营
- 欺诈或董事管理不当
- 公司资产有损失或浪费的危险

接管人是接管公司事务、调查公司债务并负责向法庭报告的独立第三方，与破产受托人类似。不管付出多少代价你都应该避免让法庭指定接管人，因为在这种情况下，1.你将失去对公司的控制权；2.接管人（及他们聘请的律师）的费用非常高；3.接管人并不总是客观公正。接管人的处理结果很可能会让各当事方烦闷不已。

但是为什么要解散呢？

关于解散的最后一点。前面说过，处理公司解散事宜的董事（在某些州是受托人）如未能向债权人支付债款会导致其承担个人责任。有时公司董事在未注意到债权人的主张的情况下就把剩下的公司资金分配给了股东们，然而几年之后某个他根本不认识的债权人会突然冒出来要求他对债务承担个人责任。同样，一旦公司解散，针对公司的诉讼可能会转而针对作为股东的董事个人。

你需要好好琢磨琢磨这是否是你所希望的。

你还有一个选择：不要解散公司。如果你不确定是否有针对公司的追索，而且公司也没多少钱分配给股东，就不要解散公司。以内华达州为例，保持公司存在的费用只有向州政府支付的年费以及常驻代理人和纳税申报表的费用，前者为85美元，后两者加在一起也只比85美元多一点点。让这把保护伞一直保护你到追索期限结束为止。不过，截至此时也不要向州务卿办公室申请解散公司，你只要停止交纳年费就行了。在某些州你的执照会被吊销，但你仍然可以在吊销后的2~3年内通过另外付费来恢复公司，这相当于给了你更长的保护时间。

很难理解为什么有些人这么急着解散他们的公司。成立公司是为了利用其有限责任和资产保护的。公司作出的任何行为都应由公司负责，且时间越久越好，这才是成立公司的目的。

编者按

对创业者和投资者而言，成立公司自然希望它能够永远的运行下去，只有这样才能不断地给自己带来利润，不会令自己的努力付诸东流。但是，我们不得不正视的问题是，总会存在这样那样的原因令我们不得不放弃自己的心血，又或者结束这家公司转投另一家公司。因此，公司终止是一个不可回避的问题。

在美国，公司可能因为多种原因而终止，不同的公司形式也会有不同的终止条件，如有限合伙公司不再存在普通合伙人、股份有限公司无法清偿到期债务而宣告破产、或者某C型公司想要转为一间有限责任公司都会带来原公司的终止。

在我国，公司的终止是一个学理概念，公司法中称其为解散或者是资不抵债情况下的破产。公司会因为下列原因终止：公司章程规定的营业期限届满或者公司章程规定的其他解散事由出现；股东会或者股东大会决议解散；因公司合并或者分立需要解散；依法被吊销营业执照、责令关闭或者被撤销。

虽然中美两国法律对公司终止事由的规定不尽相同，但追根溯源均可分为两种：一种是约定终止，一种是法定终止。公司章程中约定终止时间、公司成员决议解散、公司转型需要都属于约定终止，也就是公司成员、公司股东根据自身的经营意愿来确定公司是否需要存续；而无论是破产或被吊销执照，都属于不受公司自身控制，由外因引起的法定终止。

公司终止时要面临清算，也就是清点财产对应予给付之人进行给付。其中包括清算费用的给付、对债权人的清偿、税款的缴纳以及对剩余资产在成员间进行分配，这些步骤在各国均通行，当然可能存在给付次序上的差异。在清算期间，清算程序一定要严格遵守，给付次序也绝不可马虎，稍一疏忽就会给你带来承担个人责任的灾难。

第 14 章
其他需要注意的几点

读到这里你已经学到了不少东西。你现在知道那些早已深谙经营之道的生意人与投资者是如何利用优秀的公司类型来保护自己的资产与生意的了。

在结束之前再告诉你 3 个需要格外注意的纳税陷阱。它们会再次提醒你：如果国税局觉得纳税人占的便宜太多了，它绝不会坐视不管的。

个人服务公司

个人服务公司主要是提供保健、法律、工程、建筑、会计、保险精算、表演艺术或咨询服务的公司。另外，个人服务公司的个人服务主要由雇员股东提供。雇员股东就是指拥有公司已发行股本 10% 以上股份的雇员。

个人服务公司的公司税率为固定的 35%，不像其他公司的税率会随利润的变化而变化。这样做的目的是为了防止提供个人服务的人钻公司低税率的空子而逃避较高的个人税率。

私有股份公司

如公司符合以下条件则被称为私有股份公司：1. 最近半个纳税

年度中50%以上的公司已发行股本被不多于5名个人直接或间接持有；2.此纳税年度中至少60%以上的调整后收入[①]为私人股份公司的收入。私人股份公司收入包括被动收入部分：利息、红利、版税和租金。我们都喜欢这种收入，因为不用天天工作也能赚到钱。

私有股份公司的收入所涉及的法规极其复杂。你需要咨询会计师。在这里你需要知道的是，如果你不将收入从私有股份公司分配给自己，公司会按照最高税率39.6%纳税。同样，这样做的目的也是为了防止这笔收入逃脱纳税义务，因为所有人都会把钱从公司转移至个人按照个人税率缴税。

累积收益

累积收益是C型股份有限公司过去的利润总和，即之前的计税收入减去资本收益后的数额。累积收益是公司保留的利润，也是支持未来经营与发展所需要的钱。

问题是国税局希望这些钱被分配到股东身上，这样他们就能再征一次税了。他们可不想看到你们如此小心谨慎，把钱都留下来用作流动资金或为未来公司不景气作储备资金。因此如果C型股份有限公司的累积收益超过25万美元（或个人服务公司的累积收益超过15万美元），公司就可能会额外以最高税率39.6%被课税。

你也许猜到了，由这个问题产生的诉讼非常多。如果公司所有人声称公司所保留的收益是为了未来的发展、另一项发明及其他合法用途，一般公司都会支持。但也不要马虎大意，碰到这种问题的时候你一定要咨询你的税务顾问。同时对于本书给你的所有建议，你也要咨询专业人士。

---

① 调整后收入（Adjusted Gross Income）：是指收入经过若干扣除和抵免项目之后的金额。

虽然那些粗心人随时可能落入陷阱，但你不能因此就放弃资产保护计划。就像我在这本书里一直说的那样，一个顾问团队可以帮你轻易地躲过这些陷阱（其实也没有那么多的陷阱）。

在选择顾问人选，建立顾问团队的时候一定要选择那些你欣赏并信任的人。你所需要的团队成员也许会有律师、会计师、平面设计师、工程师、顾问及其他专业人士。你不应容许那些过分自我中心、性格乖戾、消极、冷漠的人出现在团队中。你的团队成员应该能够通力合作，同你一起完成一个共同的目标——保护你的公司权益并帮助公司发展。这对他们不是过分的要求，况且你还付报酬给他们。

组建团队时你可以对成员进行面试。多见几名会计师、律师或顾问候选人，对他们本人和他们的业务有所了解。提出一些比较具体的问题，例如他们收费多少，他们在某个领域的从业经验等。作决定前要货比三家。例如，我们提供一整套针对股份有限公司（或有限责任公司和有限合伙公司）的服务，包括公司章程、内部章程、股东大会与董事大会的会议记录、股票发行等，收费695美元，其中不包含向州政府交纳的费用。如果一名律师张口就要1000美元或者更多（有的律师收2000至5000美元），那他就不是你团队的合适人选。

还有，你应该像一名教练或经理一样果断地替换不能胜任工作的成员。例如，如果你的会计师好几个星期都不回你的电话，你就应该考虑找一名对工作更加积极的会计师了。

建立并培养一支忠于职守的顾问团队，不仅可以让你把更多精力放在生意的核心目标上，还可以为你未来事业的成功添砖加瓦。当然，你的顾问团队也只能做到这一步了。你成功的真正源泉是你自己。你做出的选择与决定、你经营生意的方式、你与人相处的方法、掌握局势的能力都是你能否成功的决定因素。另外，你在工作、家庭和社会之间所做出的平衡也十分重要。

请记住，工作时多用脑子，而不是多花力气。就像罗伯特·清崎的富爸爸教给他的，如果能学会利用富人的那些方法，你也能成为富人。

以上所说的一切方法——使用股份有限公司、有限责任公司和有限合伙公司，灵活利用内华达州公司以及税法——实施起来都不难，也不需要很大的费用。你随时都可以利用它们来实现你的宏伟蓝图。

祝你好运。

编者按

公司是市场的产物，它从创立到终止经历了无数的过程，存在若干个细节，也从而可能存在各种各样的情况。本书绝未穷尽所有创业者、投资者们所应掌握的全部公司问题。

我们旨在令创业者、投资者们对自己的未来，对自己的事业有一个入门的认知，而不是毫无准备的投入到市场浪潮中。

当你准备打造一家公司或者进行一项投资时，咨询专业人士仍然是你的不二选择，他们会给你更为细致、更为准确的建议。

提高财商的三个方法

方法一：阅读"富爸爸"系列书籍

财富观念篇
《富爸爸穷爸爸》
《富爸爸为什么富人越来越富》（《富爸爸穷爸爸》研究生版）
《富爸爸财务自由之路》
《富爸爸提高你的财商》
《富爸爸女人一定要有钱》
《富爸爸杠杆致富》
《富爸爸我和埃米的富足之路》
《富爸爸那些比钱更重要的事》
《富爸爸为什么富人越来越富》
《富爸爸为什么我们希望你成为有钱人》
《富爸爸第二次致富机会》
《富爸爸8条军规》

财富实践篇
《富爸爸投资指南》
《富爸爸房地产投资指南》
《富爸爸点石成金》
《富爸爸致富需要做的6件事》
《富爸爸穷爸爸实践篇》
《富爸爸商学院》
《富爸爸销售狗》
《富爸爸成功创业的10堂必修课》
《富爸爸给你的钱找一份工作》
《富爸爸股票投资从入门到精通》
《富爸爸为什么A等生为C等生工作》

财富趋势篇
《富爸爸21世纪的生意》
《富爸爸财富大趋势》
《富爸爸富人的阴谋》
《富爸爸不公平的优势》

财富亲子篇
《富爸爸穷爸爸（少儿财商启蒙书）》（适合3~6岁）
《富爸爸穷爸爸（漫画版）》（适合7岁以上）
《富爸爸穷爸爸（青少版）》（适合11岁以上）
《富爸爸发现你孩子的财富基因》
《富爸爸别让你的孩子长大为钱所困》

财富企业篇	《富爸爸如何创办自己的公司》
	《富爸爸如何经营自己的公司》
	《富爸爸胜利之师》
	《富爸爸社会企业家》

方法二：玩《富爸爸现金流》游戏

  《富爸爸现金流》游戏浓缩了《富爸爸穷爸爸》一书的作者——罗伯特·清崎三十多年的商界经验，让我们在游戏中模仿和体验现实生活的同时，告诉游戏者应如何识别和把握投资理财机会；通过不断的游戏和训练及学习游戏中所蕴含的富人的投资思维，来提高游戏者的财务智商。

扫码购买《富爸爸现金流》游戏

方法三：关注读书人俱乐部微信公众号，在读书人移动财商学院学习财商知识

  北京读书人俱乐部微信公众号由北京读书人文化艺术有限公司运营，为富爸爸读者提供既符合富爸爸理念又根据中国实际情况加以完善的财商相关课程，帮助读者系统地学习和掌握富爸爸财商的原理、方法和实操技巧，助力富爸爸读者的财务自由之路。

readers-club

扫码关注读书人俱乐部
开始学习

　　世界上绝大多数人奋斗终身却不能致富，因为他们在学校中从未真正学习关于金钱的知识，所以他们只知道为钱而拼命工作，却从不学习如何让钱为自己工作……

——罗伯特·清崎

　　清崎有两个爸爸："穷爸爸"是他的亲生父亲，一个高学历的教育官员；"富爸爸"是他好朋友的父亲，一个高中没毕业却善于投资理财的企业家。清崎遵从"穷爸爸"为他设计的人生道路：上大学，服兵役，参加越战，走过了平凡的人生初期。直到1977年，清崎亲眼目睹一生辛劳的"穷爸爸"失了业，"富爸爸"则成了夏威夷的有钱人。清崎毅然追寻"富爸爸"的脚步，踏入商界，从此登上了致富快车。

　　清崎以亲身经历的财富故事展示了"穷爸爸"和"富爸爸"截然不同的金钱观和财富观：穷人为钱工作，富人让钱为自己工作！

如果你的投资已经没有任何价值，如果你已经厌倦了那些陈词滥调的财务建议，如果你担心自己要无休止地工作下去，永远无法退休，或者，如果你只是想多花一些时间来陪陪家人，那么你可以从本书中找到答案。

——莎伦·莱希特

1999年4月，《富爸爸穷爸爸》在美国出版，仅仅半年时间就创下100万册的销量。2000年3月，韩语版面市；2000年6月，登陆澳大利亚；2000年9月，简体中文版面市，连续两年半名列畅销书排行榜前10名……一时间，全世界范围内掀起了一股"富爸爸"热潮，无数的读者因为实践"富爸爸"的建议，获得了经济上的成功！

本书是《富爸爸穷爸爸》的实践篇，书中选取了22个具有代表性的成功案例，既有初次创业者，也有失业者、退休者，甚至是事业的失败者和破产者。他们现身说法，讲述自己的创富故事，为你展示如何一步一步地走上财务自由之路！

图书在版编目（CIP）数据

富爸爸如何创办自己的公司 /（美）加勒特·萨顿著；郭伟刚译 . — 成都：四川人民出版社，2017.10（2020.7 重印）
ISBN 978-7-220-10362-9

Ⅰ.①富… Ⅱ.①加…②郭… Ⅲ.①私人投资–通俗读物 Ⅳ.① F830.59-49

中国版本图书馆 CIP 数据核字（2017）第 230188 号

Own Your Own Corporation
Copyright © 2001,2008,2012 by GARRETT SUTTON,Esq.
This edition published by arrangement with Rich Dad Operating Company, LLC.
版权合同登记号：图进 21-2017-506

FUBABA RUHECHUANGBANZIJIDEGONGSI
富爸爸如何创办自己的公司
〔美〕加勒特·萨顿 著　郭伟刚 译

责任编辑	王其进
特约编辑	张 芹
封面设计	朱 红
版式设计	乐阅文化
责任印制	聂 敏
出版发行	四川人民出版社　（成都市槐树街2号）
网　　址	http://www.scpph.cn
E-mail	scrmcbs@sina.com
新浪微博	@ 四川人民出版社
微信公众号	四川人民出版社
发行部业务电话	（028）86259624　86259453
防盗版举报电话	（028）86259624
照　　排	北京乐阅文化有限责任公司
印　　刷	三河市中晟雅豪印务有限公司
成品尺寸	168mm×234mm　1/16
印　　张	14.75
字　　数	172 千
版　　次	2020 年 4 月第 2 版
印　　次	2020 年 7 月第 2 次印刷
书　　号	ISBN 978-7-220-10362-9-01
定　　价	68.00 元

■版权所有·侵权必究

本书若出现印装质量问题，请与我社发行部联系调换
电话：（028）86259453